予約の取れないセラピストの

小顔×骨格 1分メソッド

加齢による「顔のたるみ」を改善！

骨格小顔セルフケア®開発者
三木まゆ美

はじめに

年齢制限なし、整形・美顔器いらずの小顔効果！骨格はいつからでも変えられる！

「ほおがたるんで顔が四角くなってきた」
「年々顔が長くなっている気がする」
「あごと首の境目がなくなってきた」
「額のシワやほうれい線が目立ってきた」

年齢とともに変わる自分の顔が鏡や窓に映るたびにがっかり。

もう年だから仕方がない？　高級美顔器や整形に頼るしかないのかも……。

そんなお悩みを持つあなた、あきらめる必要はありません。

何歳になっても、若々しい小顔へと顔の印象を変えることが可能です。

そのカギは「骨格」。

顔の表面ではなく、土台である「骨格」を本来あるべき位置に戻すことで、顔の形が整い、フェイスラインや皮膚のたるみが引き締まり、肌のハリもよくなります。

「でも骨格は生まれつきのもので簡単に変えられないのでは？」

いいえ、骨格は変えられるのです。

はじめに

この本では、22個ある顔の骨（頭蓋骨）のパーツを動かして、加齢によりゆがんだ状態からきれいな球状へ戻す「骨格小顔メソッド」を紹介します。

1つのメソッドは、わずか1分！
1日1回でOK、特別な道具は不要です。

あなた自身の手で、あなたの顔は変えられるのです。

　このメソッドを実践したかたからは「顔がシュッと引き締まった」「目がパッチリした」「ほうれい線が薄くなった」「年齢よりも若く見られるようになった」など多くの変化の声をいただいています。なかには「整形したの？」と言われるほどの効果があった人も。

　骨格が変われば、顔が変わり、人生が変わる！

「私の顔、なんだかいい感じ……」と毎日鏡を見ることが楽しみになる。

　ぜひ、1日1分の骨格小顔メソッドを実践して、驚きの効果を実感してください。

三木まゆ美

CONTENTS

予約の取れないセラピストの 骨格小顔1分メソッド 加齢による「顔のたるみ」を改善!

目次

「骨格小顔メソッド」驚きの効果！

～私たち、小顔になりました！～

三木まゆ美先生のもとで骨格メソッドを実践した女性たちから、驚きの声が続出中！ 年齢も顔の形も関係なく、顔がキュッと引き締まり、奥行きのある美人顔を手に入れることができたのです。

BEFORE　AFTER

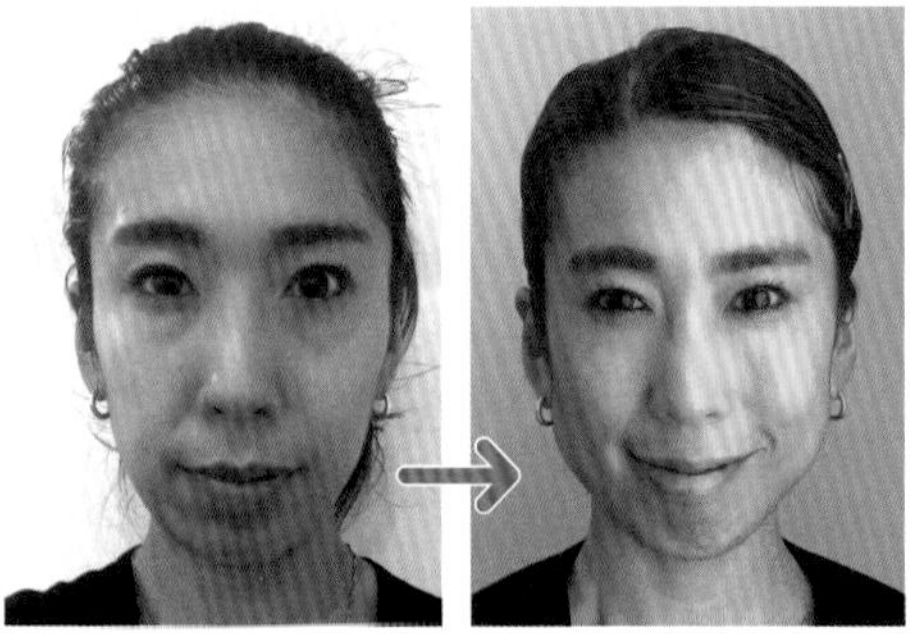

40代

ルチカさん

「整形した？」と友人に真顔で言われたのは最高の褒め言葉

顔の悩み　エラが張った大きい顔

年を取ればシワやたるみができるのは当然と受け入れていましたが、何歳からでもきれいになれることを骨格小顔メソッドから教えてもらいました。

骨格小顔メソッドを始めたら、毎回、鏡に映る自分を見るのが楽しみになっていました。目や鼻のパーツが整い、顔が変わりすぎたのか、久しぶりに会ったママ友に真顔で「整形した？」と聞かれたことが最高にうれしかったです！

BEFORE　　　　AFTER

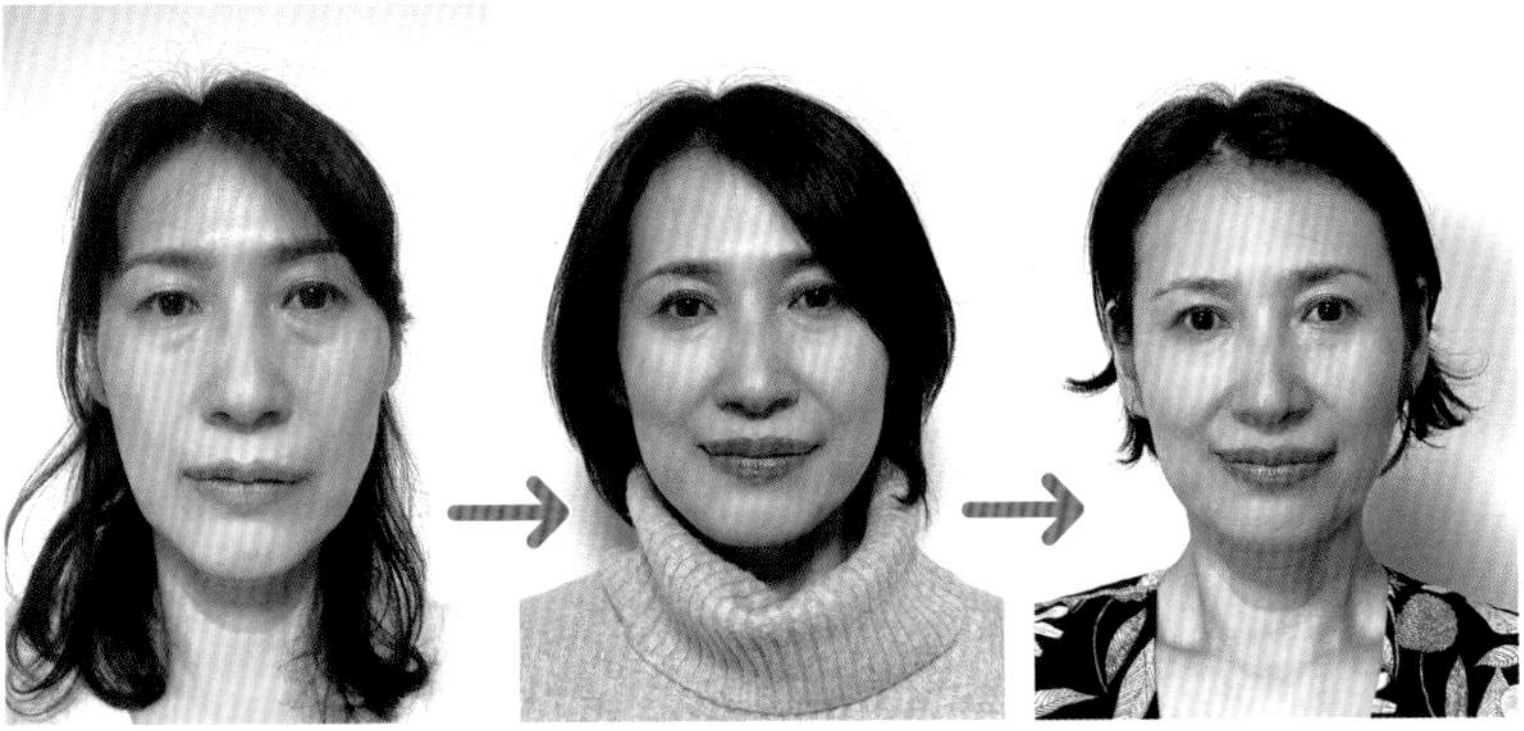

50代

ちはるさん

面長の顔がみるみる短く！
毎日しなくても効果が出る

顔の悩み　面長

物心ついた頃から面長でしたが40歳を過ぎるとさらに顔が長くなった気も……。高額なエステに行っても効果を得られず、たどり着いたのが骨格小顔メソッドでした。

とにかく簡単でササッとできるものが多く、手軽なのが魅力。セルフケアでこんなに効果があり、持続するなんて、本当に驚きです。痛い整形なんてしなくても整形以上の効果を得られる骨格小顔メソッドを選んで大正解でした！

※P8～11は1～2年実践した例。効果には個人差があります。

BEFORE

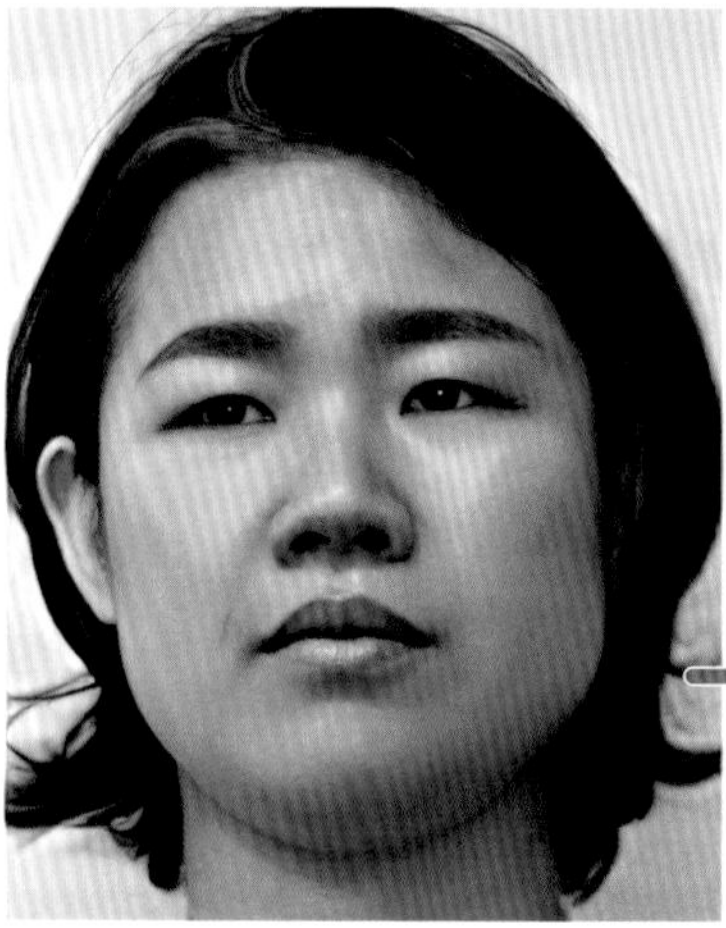

AFTER

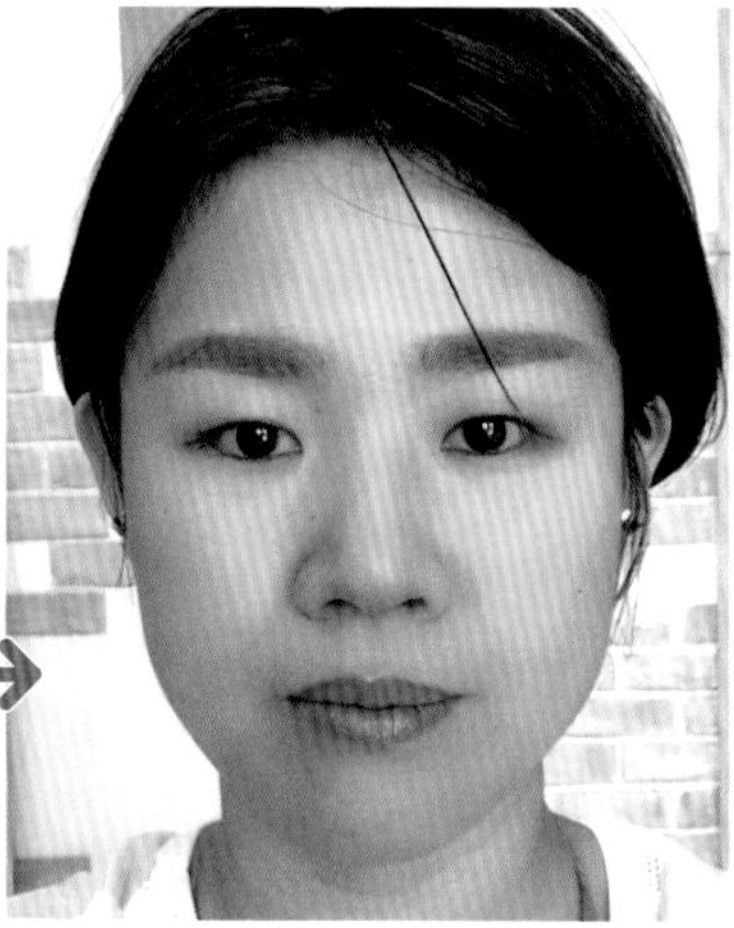

30代

ともえさん

物足りないくらい簡単なのに
1回で効果を実感

顔の悩み　エラ張り

初めて骨格小顔メソッドをしたときは、筋トレやストレッチをした後の達成感に比べると物足りないくらい簡単なワークゆえに、実感が持てなかったのですが、後から写真を見返してビックリ。たった1回でも顔の幅が狭まり、肌ツヤがよくなって目の開きがしっかり変わったのを実感できました。エステや美顔器を使ってみてもなかなか結果が出ない人におすすめしたいのが骨格小顔メソッドです！

BEFORE

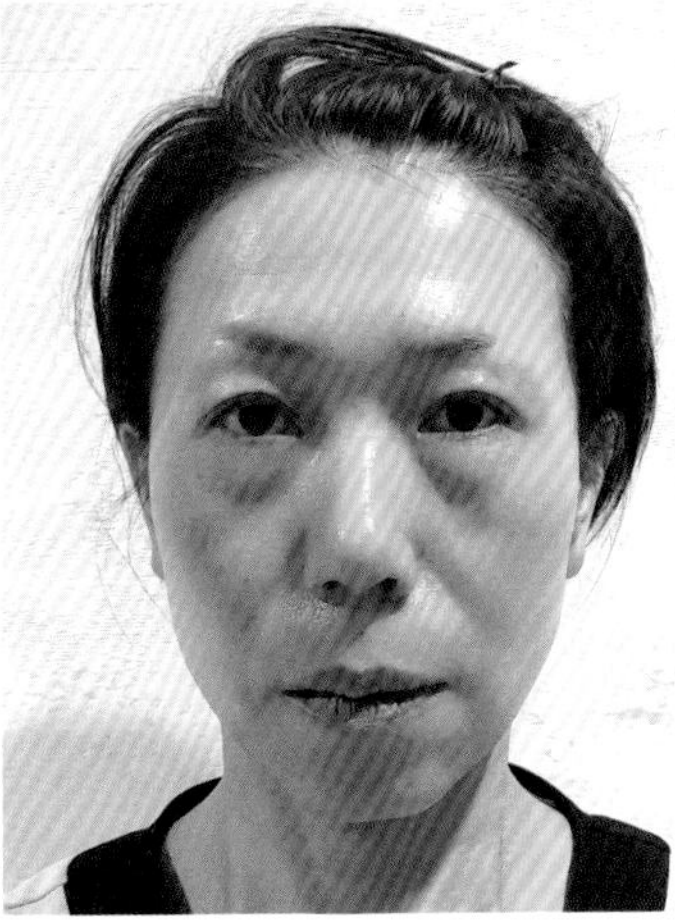

AFTER

40代

あっこさん

自分の手を美顔器に！

皮膚のたるみがなくなり
ハリ・ツヤまでアップ

顔の悩み　顔のたるみ・面長

40歳を過ぎてからたるんでいく顔に悩み「もう美容整形しかない」とカウンセリング済みでした。そんなときに骨格小顔メソッドをやってみたところ、顔の形だけでなく、たるみがなくなりハリ・ツヤがアップ！　年齢より下に見られることが増えました♪

骨格小顔メソッドは、人の手ではなく自分の手でできるので罪悪感もゼロ。秘密にしたいけど、みんなに知ってほしいメソッドです。

骨格小顔メソッドで顔は変えられる

「骨格小顔メソッド」提唱者の三木まゆ美です。

私がこのメソッドを見つけるに至った経緯をお話しします。顔にコンプレックスがあった私は、カロリー制限をするのが日課。顔はじゃがいものようにパンパン。笑うと埋もれてしまう目も嫌いでした。

鼻が低くて眼鏡がずり落ちてしまったり、どんな帽子をかぶってみても似合わなくて、お店で試着することさえ恐怖だった昔の私。小顔になりたくて、高額な美顔器、フォトフェイシャルからサプリまであらゆるものを試してきました。

そうした中、会社員からエステティシャンに転職し、より美を追求していきました。ところが、顔や体は一時的にシュッとなったもののすぐに戻る……そんな結果ばかりが続いていました。さらに、年齢を重ねて、昔よりも顔が大きくなってきたように感じていました。

その後独立し、15年間という歳月と1000万円以上のお金を投資し、解剖学や美容整体カイロプラクティックなどを学んだ結果、体の土台となっている骨の構造に着目する理論にたどり着きました。

年齢を重ねてお尻が大きくなった、という話はよく聞きますが、これは骨盤が開くため。骨盤と同様、頭蓋骨も年齢とともに少しずつ開いていきます。まず、あごが下がり、顔が縦に伸びます。骨同士にすき間ができるので、鼻は横に広がり、目の周りは斜めに広がっていく。……言わば「顔の土砂崩れ」によって、顔がたるんだり大きくなるのです。

ですが、骨格の構造を理解することで、骨の位置をあるべき場所に戻せることがわかりました。

それが骨格小顔メソッドです。

頭の骨格はこうして崩れる

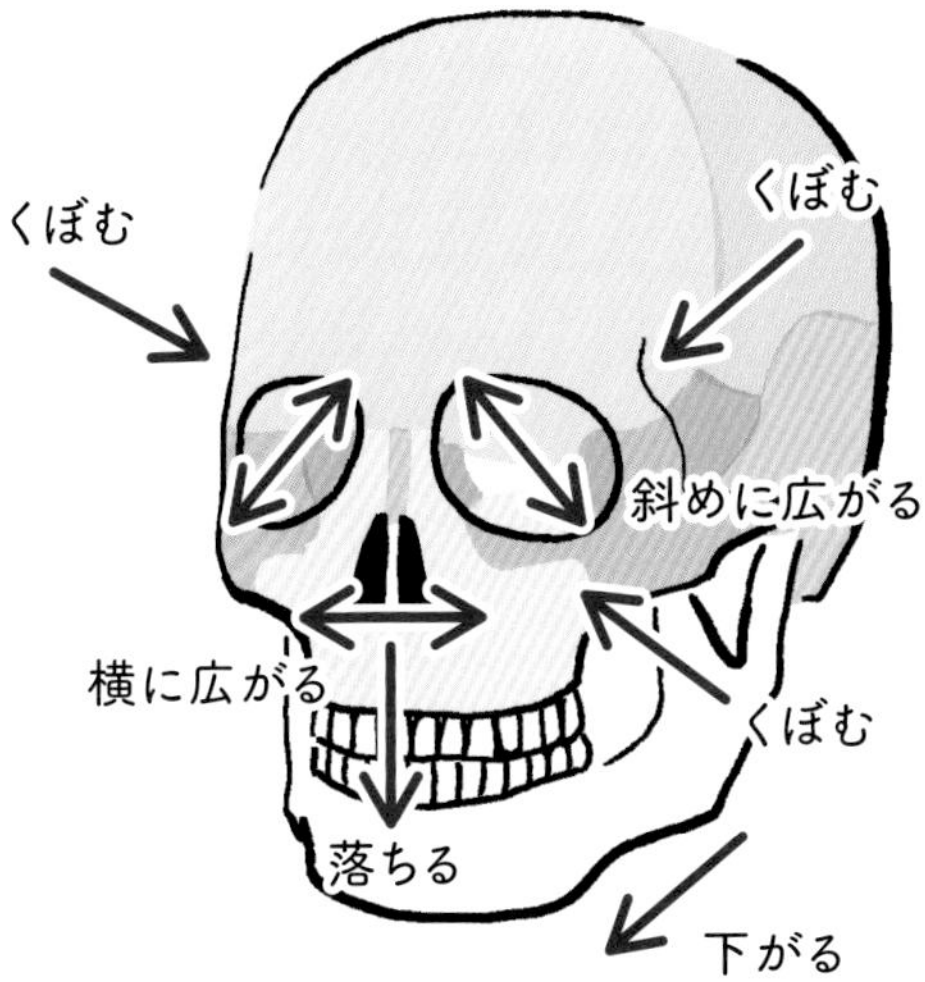
くぼむ
くぼむ
斜めに広がる
横に広がる
くぼむ
落ちる
下がる

骨格小顔メソッドはここがすごい！

一般的な小顔術	骨格小顔メソッド
皮膚・筋膜・靭帯・筋肉（顔の表面）へのアプローチ	骨格（顔の土台）へのアプローチ
変化が得られても効果が持続しづらい	変化が得られやすく効果が持続する
エラ張りや頬骨など顔の構造は変わらない	顔の構造から変わる

スッキリした小顔になりたくて、エステに行ったり表情筋を使ったエクササイズをしたり。でも効果は一時的で、すぐに戻ってしまった……そんな経験はありませんか？骨格小顔メソッドは、皮膚や筋肉といった顔の表層部分ではなく、土台となる骨格にアプローチしていきます。そのため、効果が得られやすく、しかも持続するのが特徴です。

骨格は生まれつきで変えられないと思われているかもしれません。ですが、骨と骨の構造を組み直すこと

骨格にアプローチする理由は顔の「土台」だから!

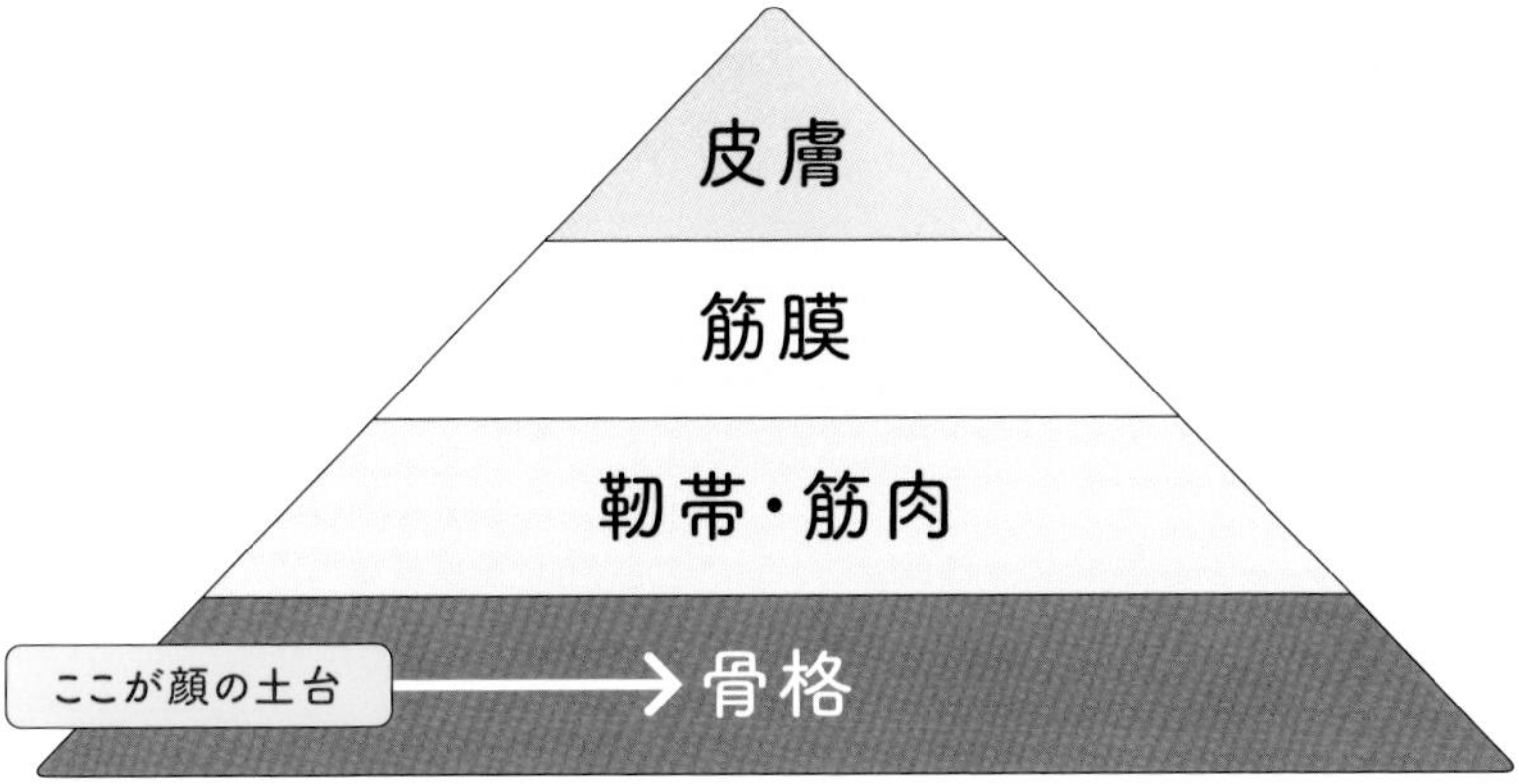
皮膚
筋膜
靭帯・筋肉
骨格
ここが顔の土台

で、何歳からでも変えられます。

骨の構造は上の図のとおり。皮膚の下に筋膜があり、その下に靭帯・筋肉がついていて、さらに土台の部分に骨格があります。骨格にアプローチすることがいかに重要で、根本的な解決につながるか、おわかりいただけると思います。

小顔になるためには
顔の土台をつくる
骨格に
アプローチしよう!

年齢による「顔の土砂崩れ」を修復！

頭蓋骨は4つの構造に分かれる

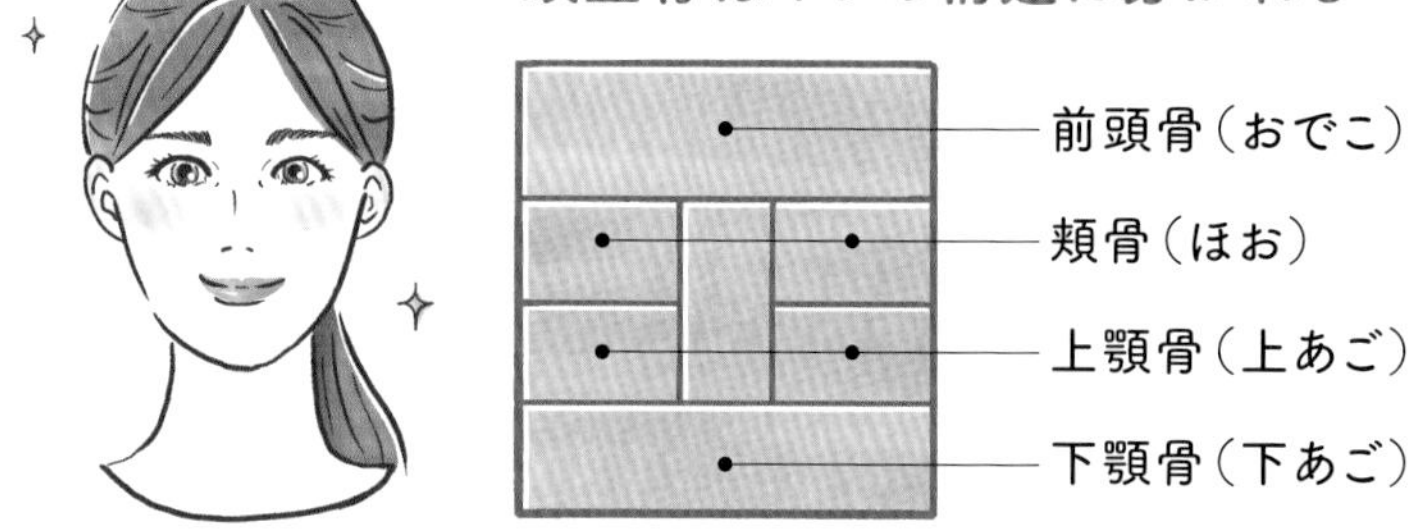

頬骨・上あごが開く
→エラ張り・目もとのたるみ

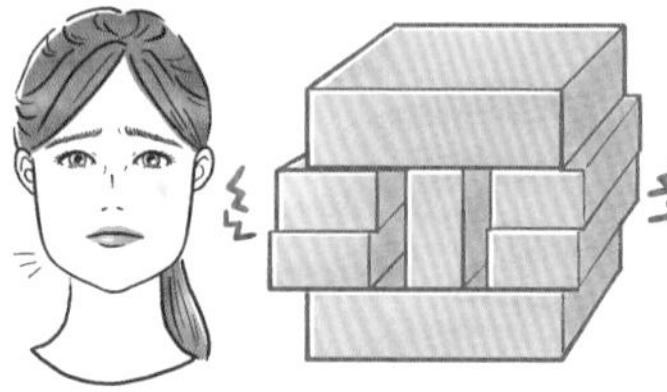

下あごが下がる
→面長・ほうれい線

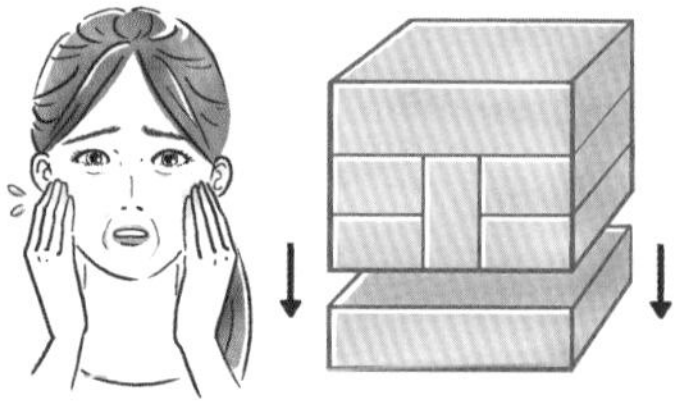

P13で触れた「顔の土砂崩れ」について詳しく説明します。

頭蓋骨は、22個のパーツが組み合わさってできており、4つの構造に分かれます。この「骨格」がゆるんだり、ずれたりすることで顔に「土砂崩れ」が起きます。パーツの1つがずれると、他のパーツもずれて、顔がどんどん崩れていくのです。

骨格のずれは、下あごと上あごをつなぐ「顎関節」から始まることが多く、顎関節がゆるんで下あごが下がると面長になったり、顔が横に広

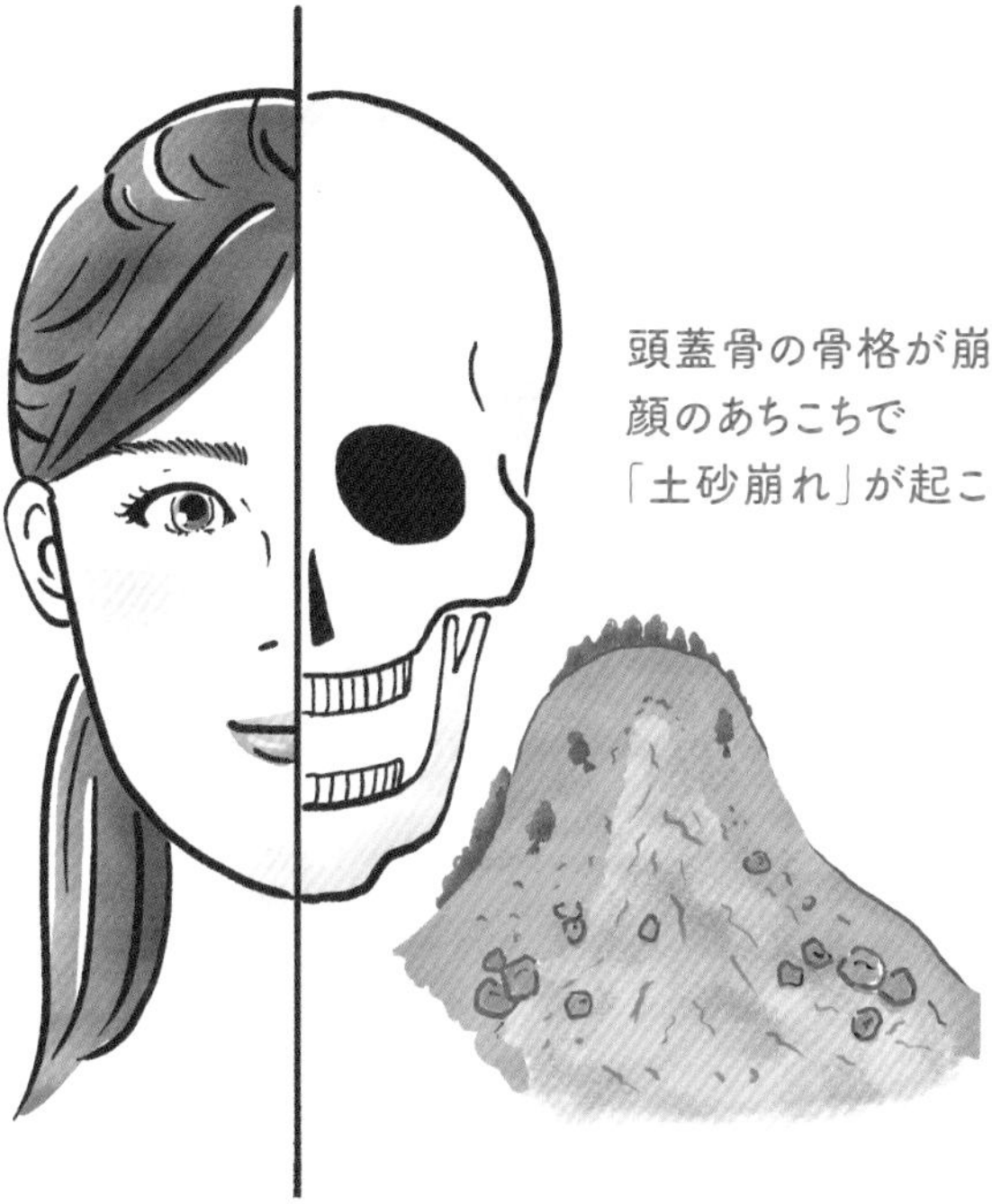

頭蓋骨の骨格が崩れると
顔のあちこちで
「土砂崩れ」が起こる

がったりします。さらに顎関節周りの表情筋が伸びることで、小鼻から口もとに「ほうれい線」と呼ばれるシワが。また、頬骨や上あごが開くと、エラ張りや目もとのたるみが生じます。

　そこで大切なのが、骨格が崩れる仕組みを理解し、あるべき位置に整えること。骨格はずれやすいぶん、組み直せます。正しい方法でアプローチすれば、整形では難しいとされる顔の長さやエラ張りも改善できてしまうのです。

顔の骨格老化の仕組み

目がくぼむ仕組み

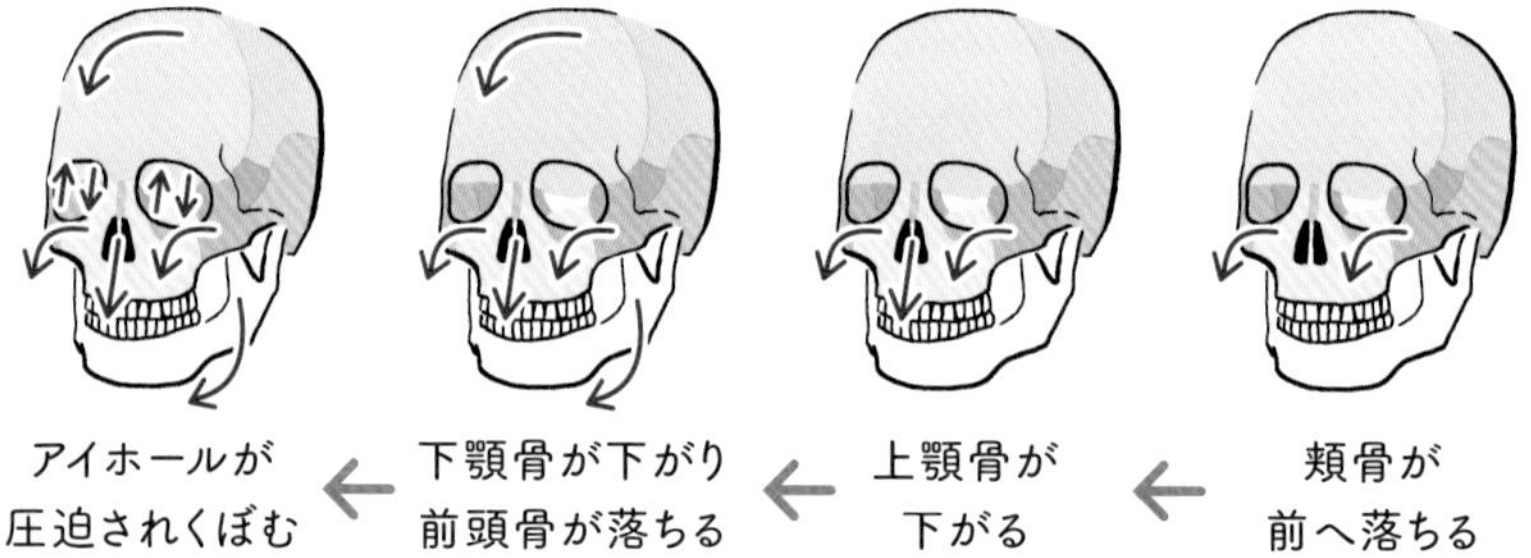
頬骨が
前へ落ちる
上顎骨が
下がる
下顎骨が下がり
前頭骨が落ちる
アイホールが
圧迫されくぼむ

骨格がゆがみ、崩れていく「骨格老化」によって顔の印象は大きく変わり、見た目の老化も加速します。特に40代以降は、フェイスラインのたるみで顔が大きくなったと感じるかた、目のくぼみやまぶたのたるみに悩むかたが増えます。

上の図は、目がくぼむ仕組みです。1つのパーツがずれることで、他のパーツも崩れていくことがわかります。この仕組みを理解して、段階的に崩れを改善するアプローチが大切です。

顔の形を変えるだけじゃない！ 肌のハリ・ツヤまでアップできる理由

骨格小顔メソッドは、顔を小さくしたり、エラ張りや面長を改善したりするだけでなく、美容効果も大いに期待できます。

顔をテーブル、皮膚をテーブルクロスに例えてみましょう（左の図）。

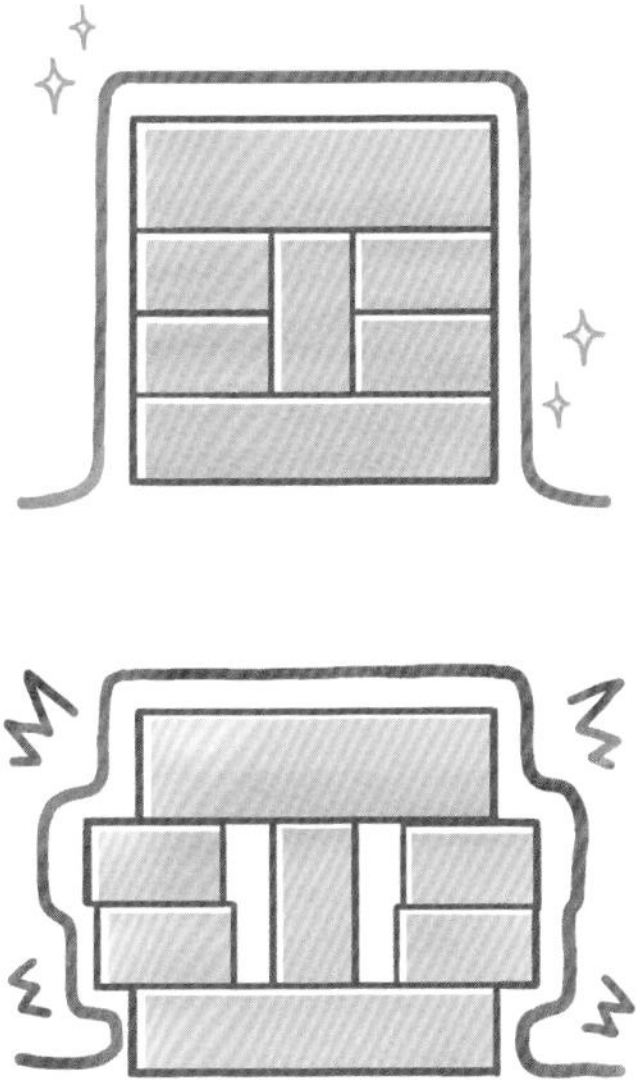

顔がたるんでデコボコの状態では、テーブルクロスをかけてもピンとした状態にはなりません。美容液をつけたり、美顔器でリフトアップしてもすぐに戻ってしまうのはそのためです。顔を土台から整えれば、シワやたるみも改善し、ハリ・ツヤのある若々しい肌になれます。

また、骨格がずれると皮膚が引っ張られて、毛穴がしずくのような形になり、目立ってしまいます。骨格を整えると毛穴が小さくなり、肌が見違えるほどきれいになる効果も。

顔の土砂崩れは始まってる？セルフチェック診断

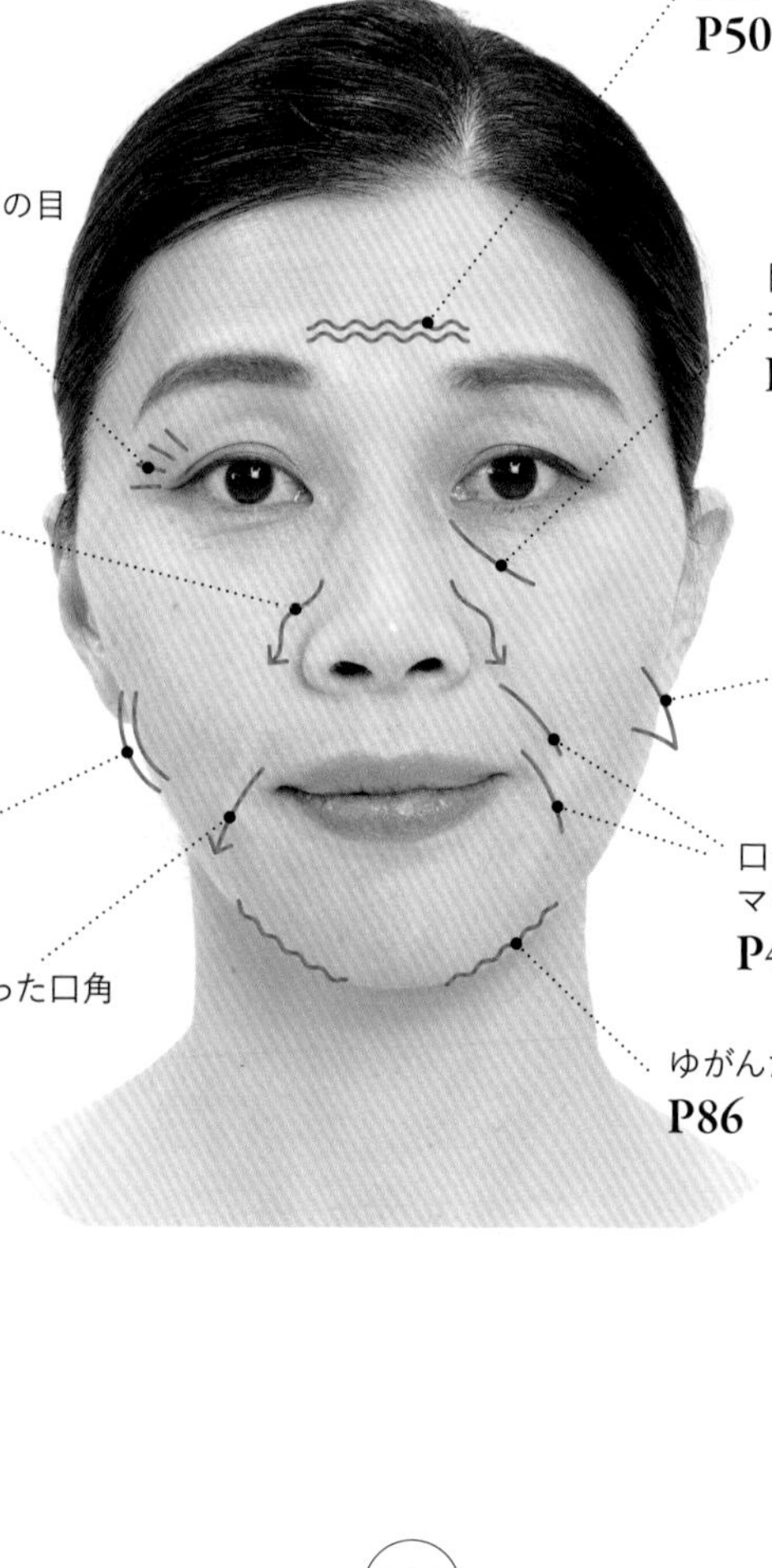
デコボコな眉間のシワ
P50
ショボショボの目
P80
目の下のゴルゴ線
P36
横に広がる鼻
P56
エラ張り
P68
ほお張り
P72
口もとのほうれい線・マリオネット線
P40
下がった口角
P82
ゆがんだあご
P86

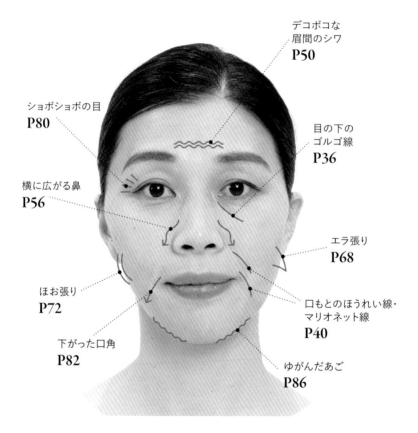

「顔が長い」「ほおがたるむ」「まぶたが重たくなってきた」etc. あなたの顔の悩みは何ですか？　前述したように、「顔の土砂崩れ」が始まると、あちこちで老化現象が起こります。スッキリした小顔やハリ・ツヤアップをめざすなら、まずはセルフチェック。自分の顔の状態をしっかり把握しましょう。

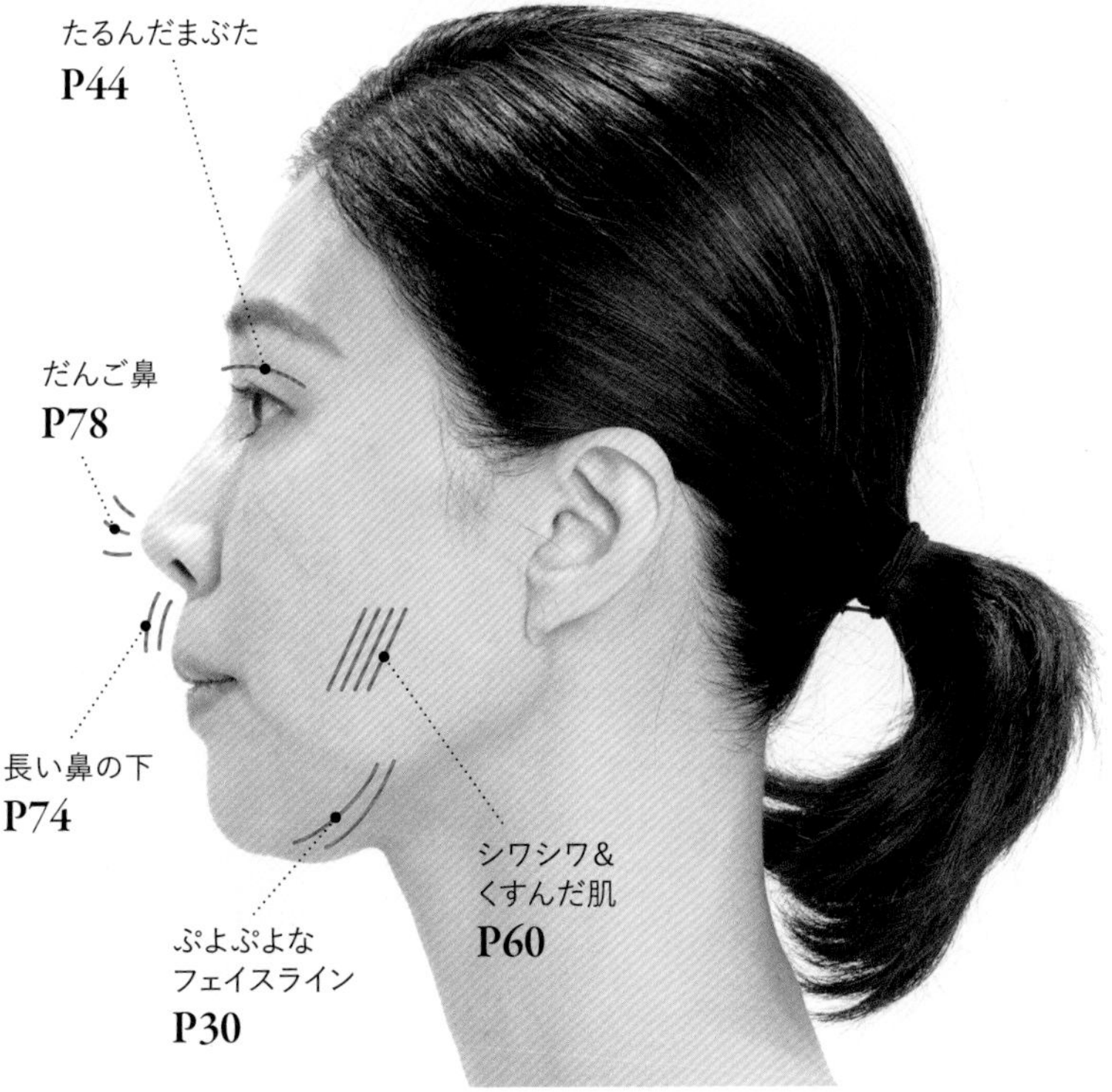
たるんだまぶた
P44
だんご鼻
P78
長い鼻の下
P74
ぷよぷよな
フェイスライン
P30
シワシワ&
くすんだ肌
P60

たった1日1分！
骨格小顔メソッドのやり方

本書では、すべて1〜2分でできる骨格小顔メソッドを用意しました。効率よく小顔になるために、おすすめのステップを紹介します。左ページのQRコードからアクセスできる動画もぜひチェックしてみてください。

STEP 1　1日1分×7日間、まずは基本の骨格小顔メソッド！

顔が大きくなる原因や、気になる老化の原因にアプローチする、基本のメソッドをまずは7日間、続けてみましょう。ポイントをよく読んで、正しく行うことが大切です。

まずは7つの基本の
骨格小顔メソッドを
1日1つ、やってみよう！

STEP 2　悩み別の骨格小顔メソッドで気になる部分にアプローチ！

続いて、エラ張り、ほお張り、面長、だんごご鼻、あごのゆがみなど、特に気になるパーツに向けてアプローチ。ひとりひとりの悩みに寄り添うメソッドです。

3章　2章　1章

本書で紹介する
全てのメソッドは
動画で確認できます!

STEP 3

全身を使った骨格小顔メソッドで小顔効果をアップ!

全身の骨はつながっています。顔や頭部だけでなく、全身を使った動きを行うことで、小顔&美容効果がさらにアップ。寝る前や寝起きに、手軽に実践できます。

注意点

◎強く刺激しすぎない

筋トレのように疲れたり、どこかが痛くなる動きはひとつもありません。ただし、顔や頭部の骨を動かすため、人によってはクラクラする感覚も。効果を得たいからと、強く刺激することは避けましょう。

◎「支える骨」と「動かす骨」を意識する

骨格小顔メソッドでは、悩みのあるパーツを直接「支える骨」だけでなく、その部分を「動かす骨」にもアプローチして、骨格のずれを整えていきます。たとえばほおのたるみが気になる場合、頬骨だけではなく、頬骨につながる腕の骨を動かすことも意識して実践すると、効果がアップします。

効果を実感するために気をつけたい4つのポイント

「小さな変化にも気づくこと」「気負わずにリラックスしながら実践すること」がポイントです。

1

BEFORE／AFTERの写真を撮る

骨格小顔メソッドを始める前に、正面からの写真と、横顔の写真を撮っておき、メソッド実践後に変化をチェックするようにしましょう。
小さな変化に気づいて効果を実感できると、続けるモチベーションがグンと上がります。

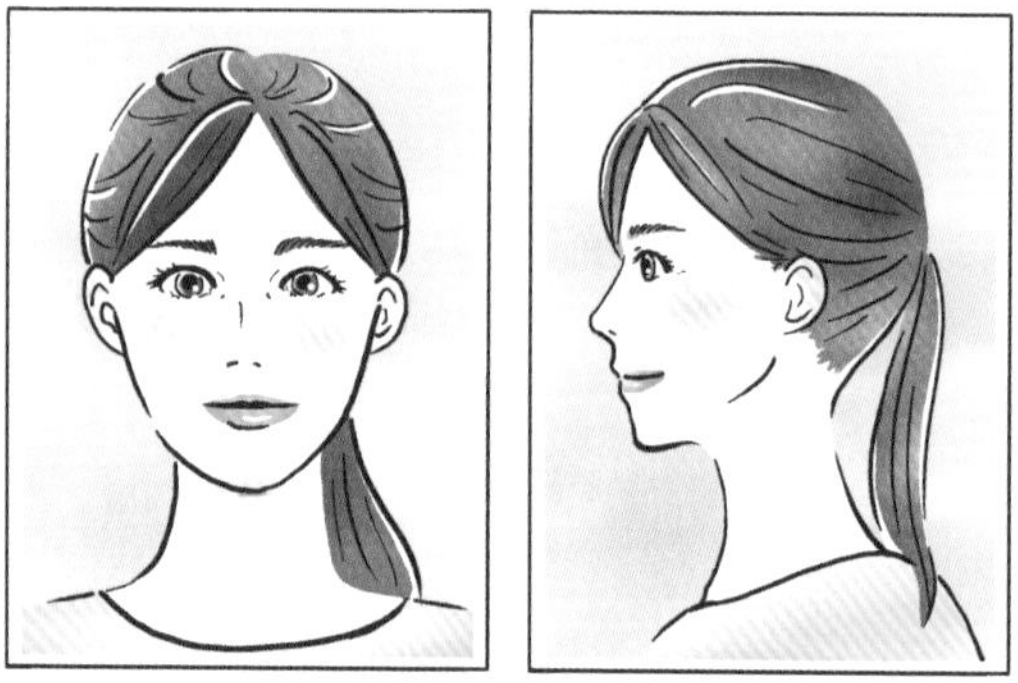

2

しっかりと睡眠をとること

呼吸をするときに使う筋肉は、顔の筋肉に直結しています。寝不足だと呼吸が浅くなり、肩や背中、首や顔の筋肉を使う「努力呼吸」に。そうすると、顔のエラ部分の咬筋《こうきん》が発達して顔が肥大化したり、首が太くなったりしてしまいます。自然な呼吸ができるように、睡眠はできれば8時間が理想的です。

3 呼吸は自然に

骨格小顔メソッドでは、呼吸は意識しないようにアドバイスしています。意識することで呼吸筋が緊張すると、表情筋もカチカチになり、「努力呼吸」になることで、顔が大きくなったり、崩れやすくなります。呼吸は自分自身の自然なペースでOKです。

4 気軽な気持ちで、リラックスして行う

毎日続けなければ効果が出ないわけではなく、できない日があったら翌日2回行うなど、調整すればOK（ただし1日5回、5分までに）。違和感や痛みがあれば無理せず休んでください。

また、リラックスした姿勢で、全身の筋肉をゆるめて行うのが一番効果が出ます。ちなみに腹筋をしすぎると呼吸筋が固まってしまうので要注意。

COLUMN

1

セルフケアの効果が上がる方法

骨格小顔メソッドは、気楽に続けることが何より大事。「効果を出すために毎日きちんと続けなくては！」と義務感や焦りを抱くのではなく、「小顔になるのが楽しみ！」といった気持ちで、続けてみてください。

ちょっと疲れたからお休みするのもよし、忙しくてできなかった自分を責める必要もありません。自分の好きなタイミングで行えばOK。

全身の力を抜いた状態で行ったほうが、骨を動かす効果が得やすいので、リラックスしてやりましょう。動かす骨を意識しながら、自分のなりたい顔をイメージして、わくわくした気持ちで続けてみてください。

わずか1分でできるので、仕事の合間に行ったり、メイク前に鏡を見ながらさっと行ったり、いつでも気軽に実践できます。

自分の顔に愛情を持って向き合えば、楽しく続けられて、必ず結果はついてきますよ。

1章

老け顔、大顔さようなら!
1日たった1分で骨格を整える!

7日間の基本メソッド

STEP 1

やった人だけみるみる小顔に!

1日1分
基本のメソッド
1日目

フェイスラインの たるみを引き締める!

骨格小顔メソッド、まずは基本メソッドを1日1分、7日間続けます。

1日目は下あごのゆるみを整えるメソッド。若々しい小顔、輪郭のきれいな美人顔をめざすなら、まずはたるんだフェイスラインをキュッと引き締めましょう。

ぷよぷよの
フェイスラインを
キュッとさせよう

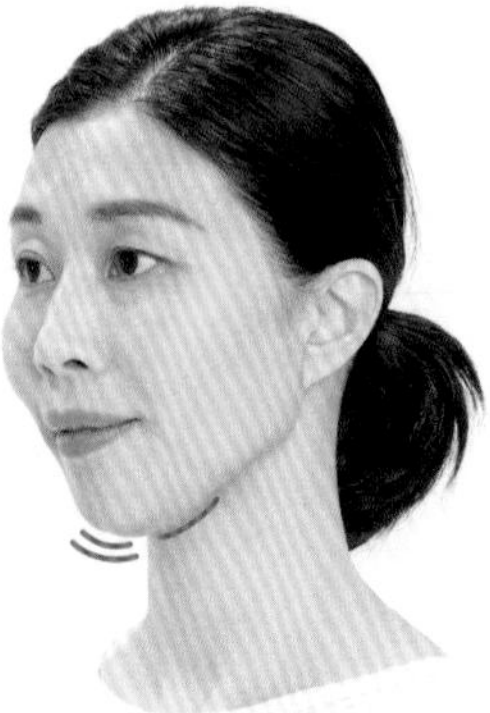

こんな人におすすめ

- あごやほおのたるみが目立つ人
- あごと首の境目がない人
- 二重あごの人
- エラが張っている人
- あごが長い人
- 面長が気になる人
- あくびをするとあごが外れそうに感じる人
- あごにシワが寄る「梅干しあご」の人

フェイスラインがたるむ理由

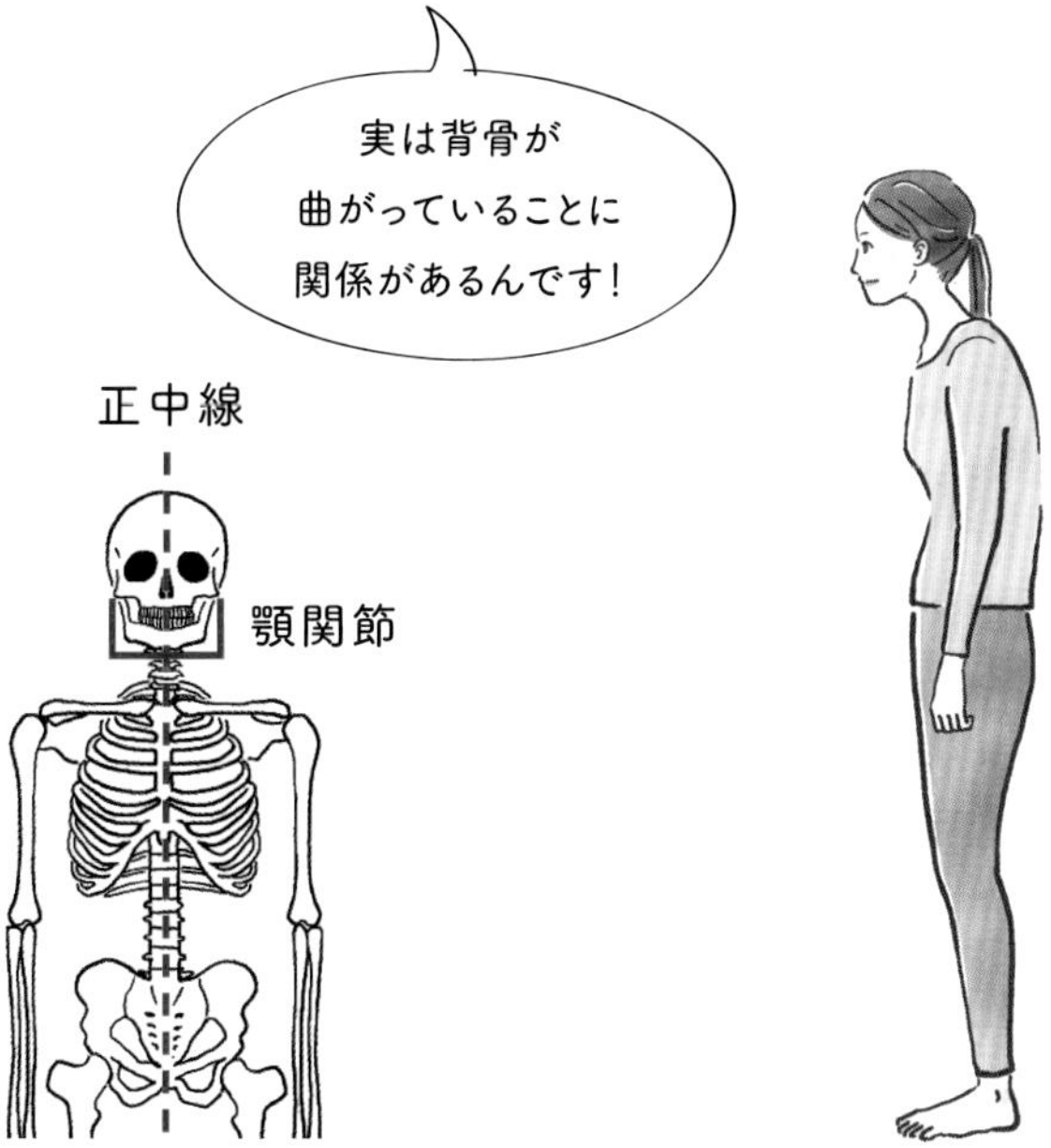
実は背骨が
曲がっていることに
関係があるんです！
正中線
顎関節

下あごと側頭部がつながる顎関節は、頭蓋骨の中で唯一、体の中心を通る「正中線」＝背骨をまたぐ関節で、5キロほどある頭を支えます。つまり、頭と体を支えるバランスを取っているのが顎関節です。

背骨の曲がった年配のかたは、たいてい顔が前に突き出ています。これは背中が丸まると骨盤が後ろに傾き、バランスを取ろうとして顔が前に出るため。背骨とフェイスラインには深い関係があり、姿勢が崩れると、顔を支えるあごが突き出て、顎関節がゆるみ、フェイスラインがたるんだり、顔が長くなったりするのです。

1日1分
基本のメソッド
1日目

フェイスラインのたるみを引き締める!骨格小顔メソッド

1 顔を上げる

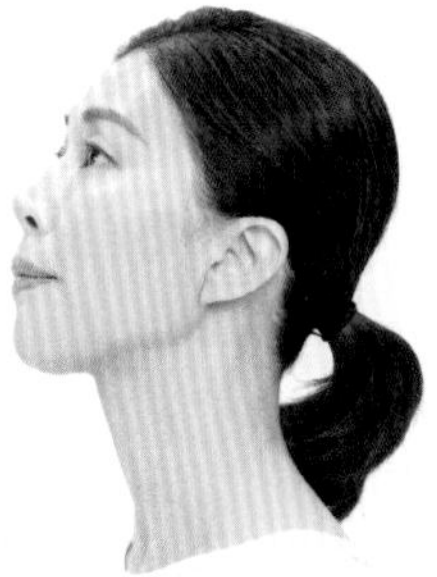

たるみが取れる位置まで顔を上げる。

2 手をほおに当てる

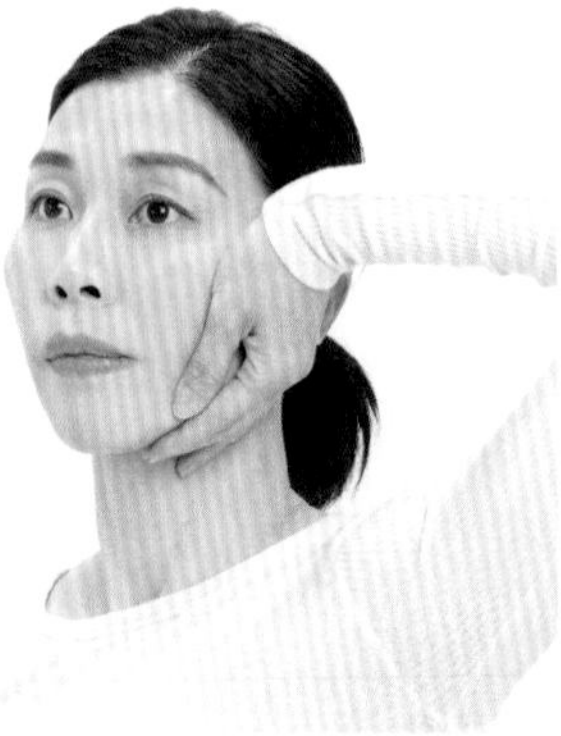

指先が下になるようにほおに手を当てる。フェイスラインを軽く持ち上げた状態でキープ。

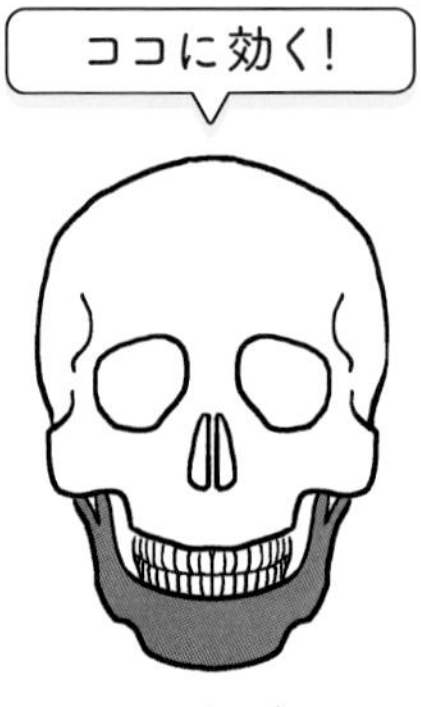

下あご

動画1章で
詳しくチェック!

3
腕を外側へひねる

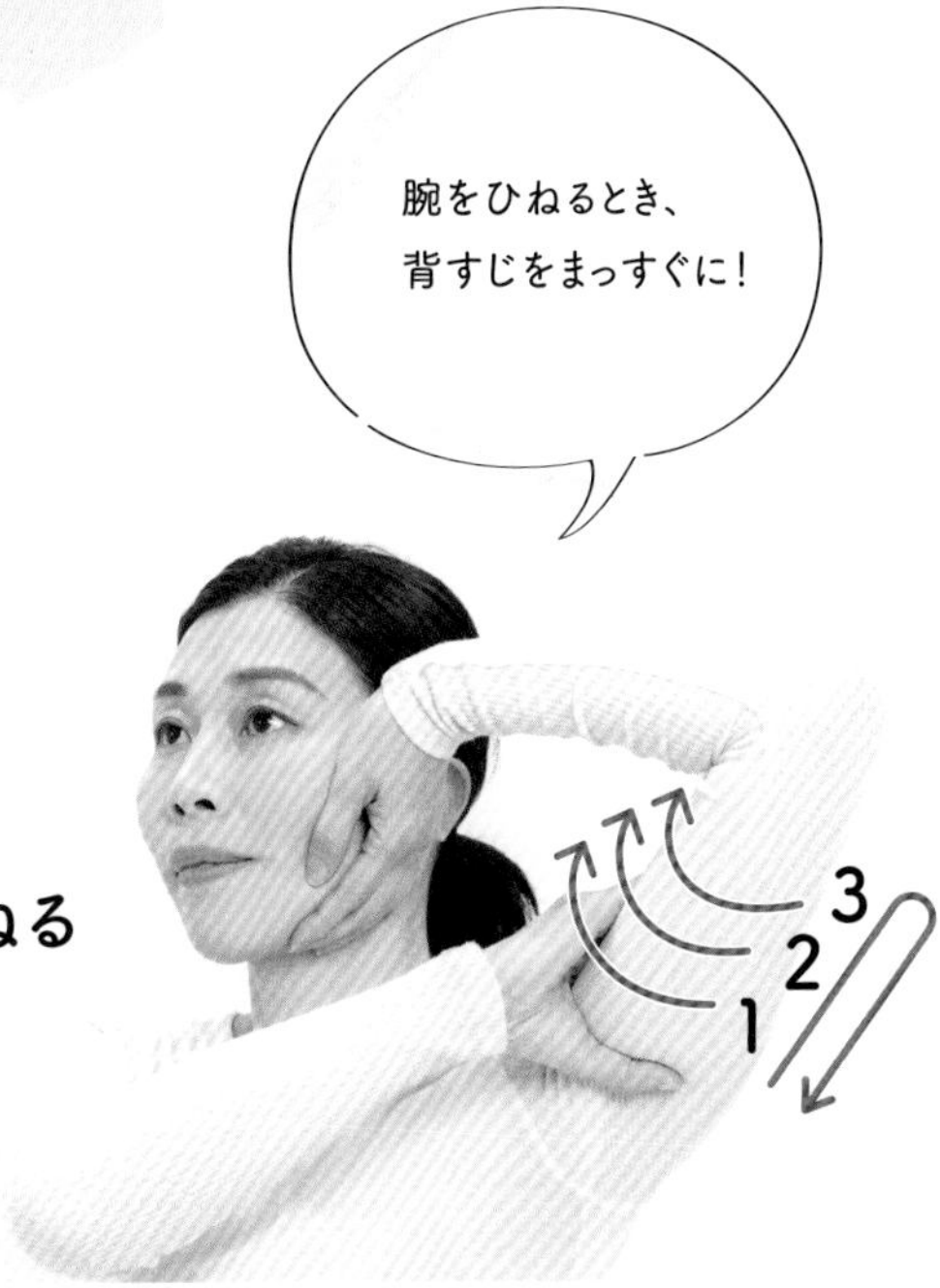
腕をひねるとき、
背すじをまっすぐに!
1
2
3

わきの下からひじまでの3カ所を外側にゆっくりひねっていく。これを2〜3往復繰り返す。

4 斜め後ろを向いて 3と同様に腕を外側へひねる

わきの下からひじまでの3カ所を外側に
2〜3回ひねる。2〜3往復繰り返す。

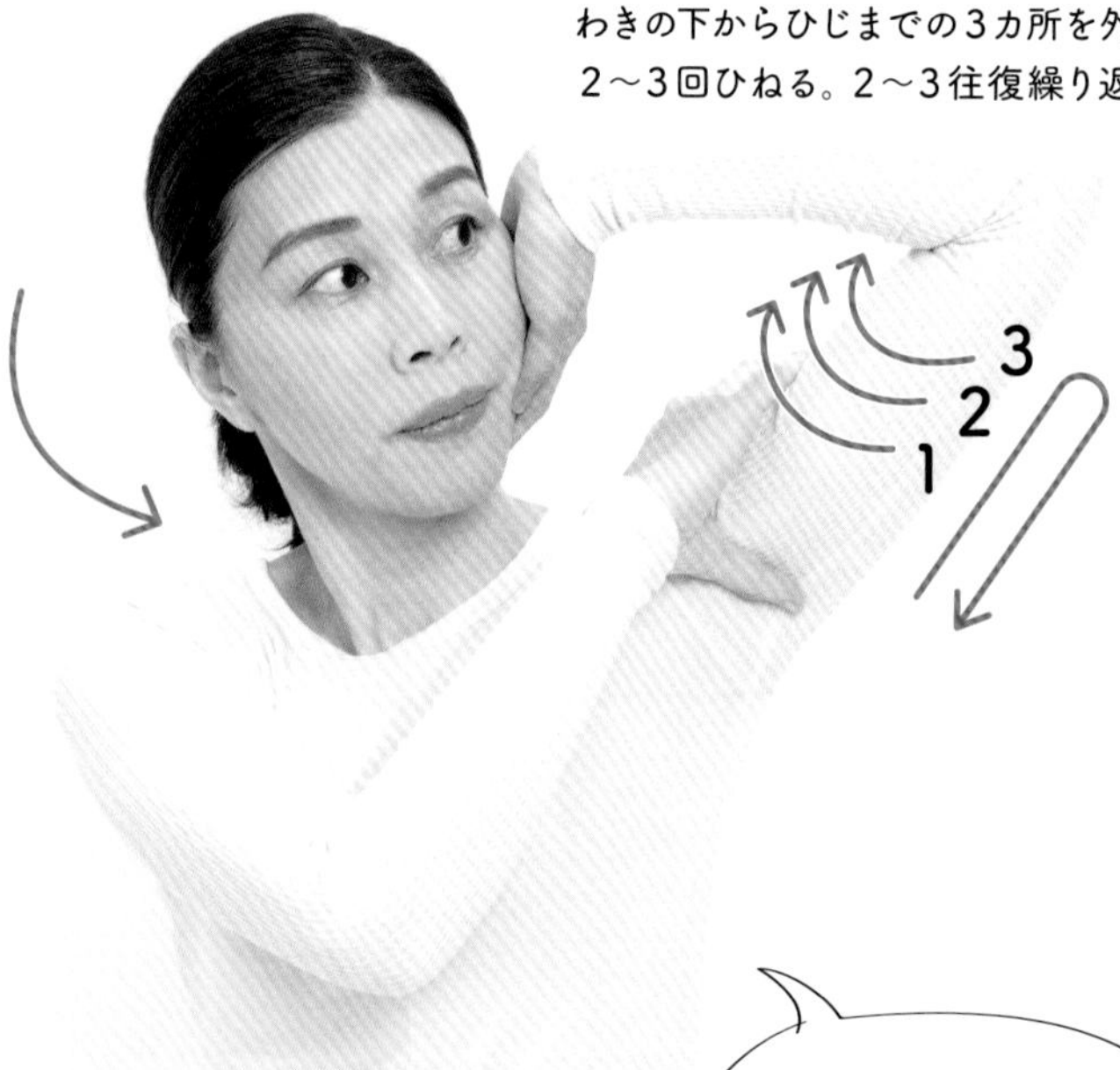

体は正面のまま
首を後ろに
ひねるイメージ

ほおに手を当てたまま、顔を後ろに向ける。体は正面をキープ。これを2〜3往復繰り返す。

POINT 疲れたら時々手を伸ばして、ほおに当て直しても OK！

5
反対側も同様に行う

1日1分
基本のメソッド
2日目

目の下のたるみをスッキリ！

「ゴルゴ線」ができる理由

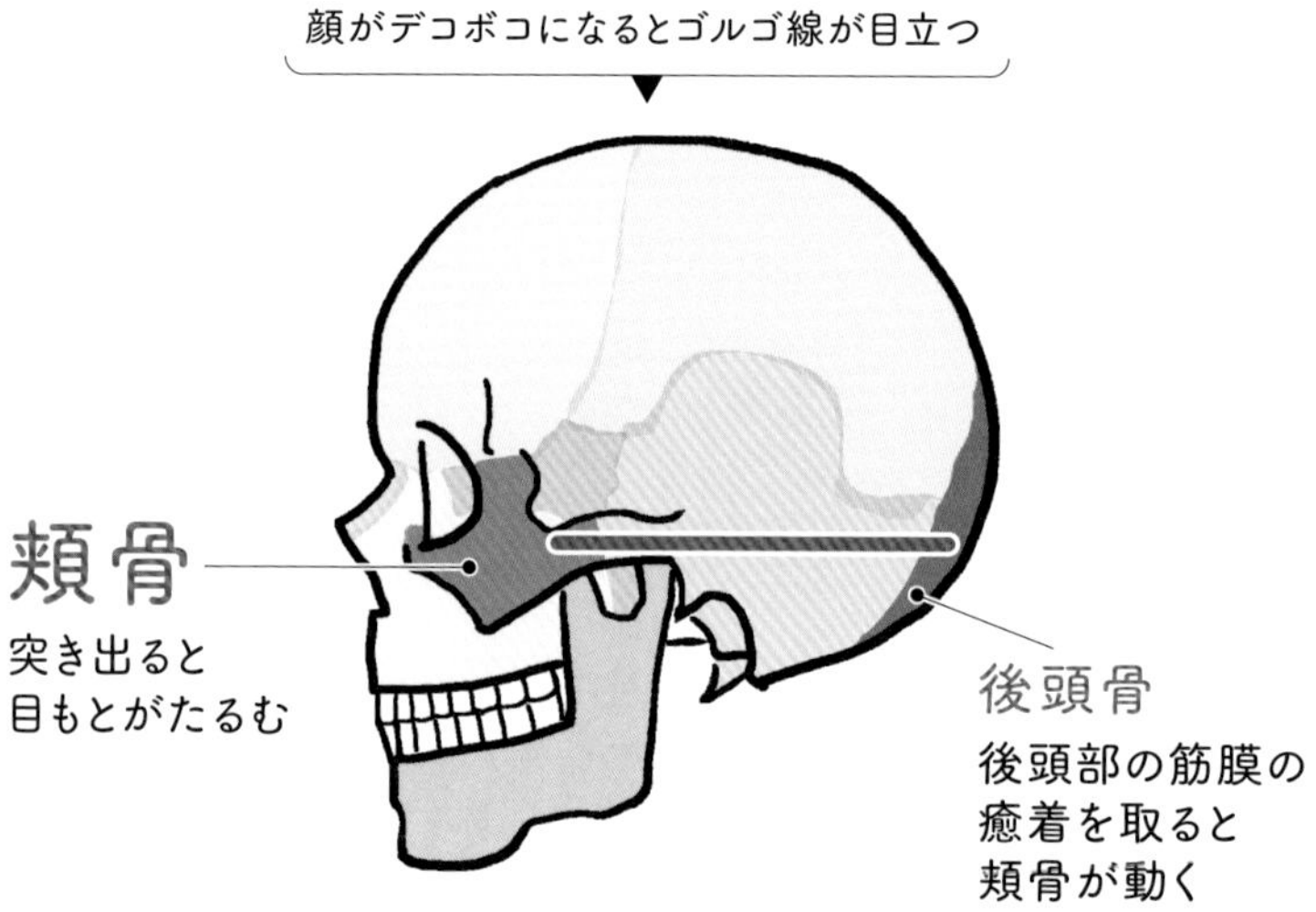
顔がデコボコになるとゴルゴ線が目立つ
頬骨
突き出ると
目もとがたるむ
後頭骨
後頭部の筋膜の
癒着を取ると
頬骨が動く

2日目は、目の下のたるみジワを改善するメソッド。目頭のあたりからほおの中央に沿って斜め下方に入るラインで、同じラインが入った漫画の主人公にちなんで「ゴルゴ線」とも呼ばれます。

ポイントは、ゴルゴ線の下にある頬骨を動かし、あるべき位置に戻すこと。頭蓋骨のデコボコが減って、顔が「球体」に近づくことで皮膚のたるみが引き上がります。頬骨を動かすには、裏側にある後頭部の筋膜の癒着を取ることも大事です。

目の下のたるみが
「ゴルゴ線」！

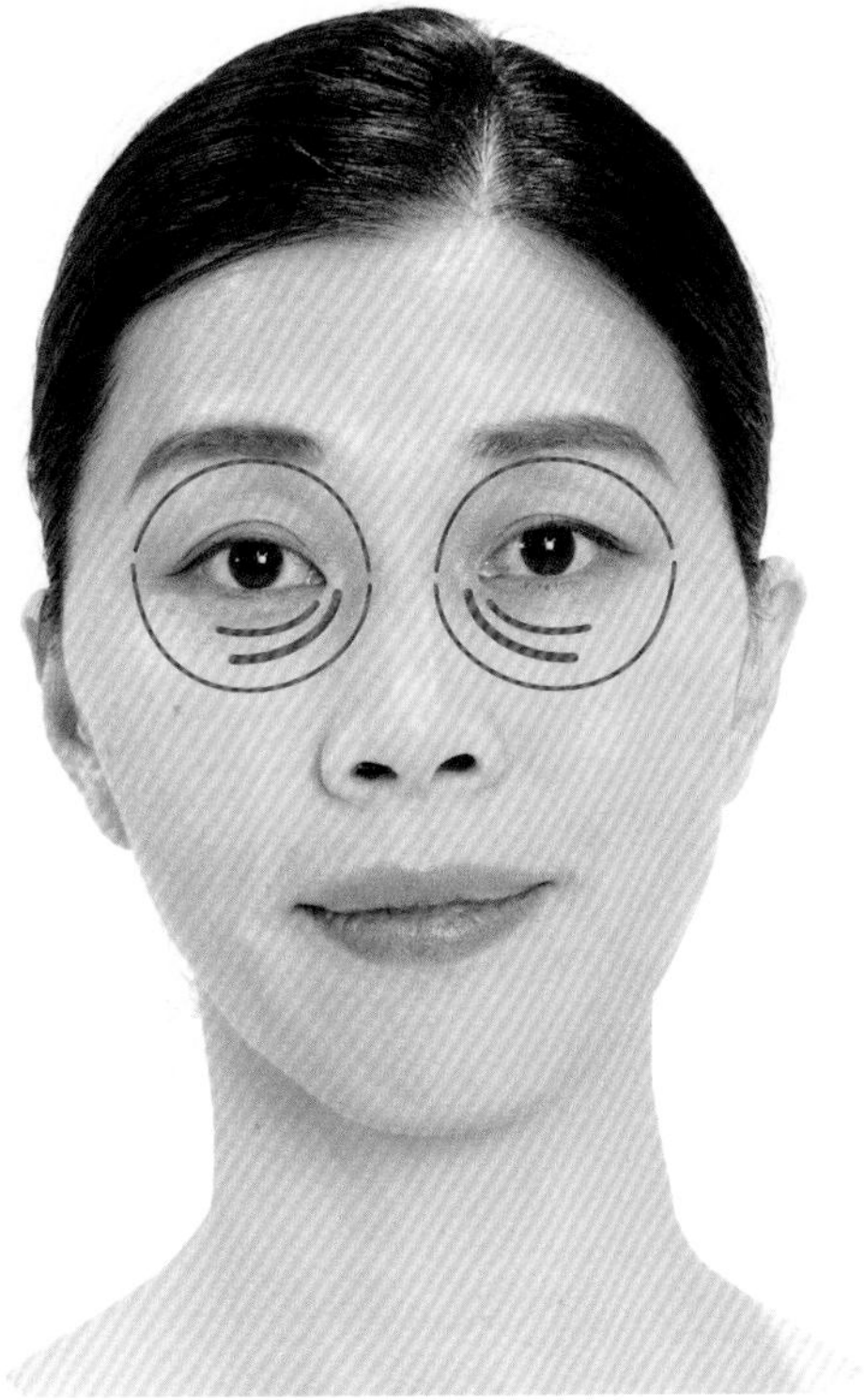

こんな人におすすめ

- ゴルゴ線が目立つ人
- 目の下がたるむ人
- 目がくぼむ人

1日1分
基本のメソッド
2日目

目の下のたるみをスッキリ！
骨格小顔メソッド

1 顔を上げる

ゴルゴ線の位置を確認し、線が薄くなる角度まで顔を上げる。

2

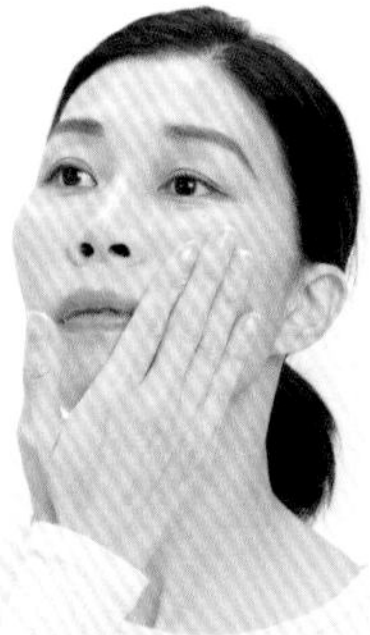

手でゴルゴ線を軽く引き上げる

指の腹を使って皮膚を引き伸ばすように、ゴルゴ線をやさしく引き上げる。

POINT

引き上げるのはこのあたりまで！

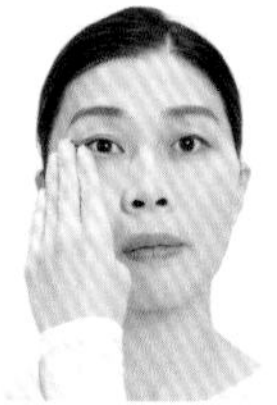

ゴルゴ線の位置はココ！

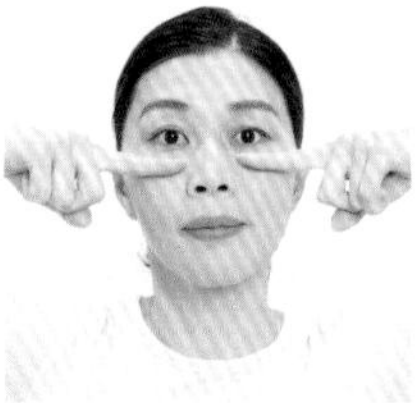

ココに効く！

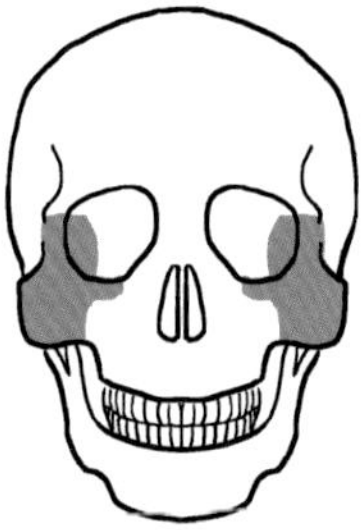

頬骨

\ 動画1章で 詳しくチェック! /

3 後頭部をゴソゴソ揺する

手をほおに添えたまま反対側の手を使って後頭部をゴソゴソ揺する。力の入れ方は自分が気持ちいいと思う強さで行う。ゴルゴ線の裏に位置する筋膜を剥がすイメージ。

4 反対側も同様に行う

NG

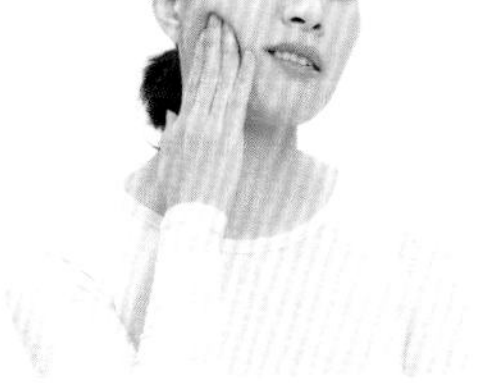

強く押し上げるのはNG

口角を引き上げる

ほうれい線・マリオネット線ができる理由

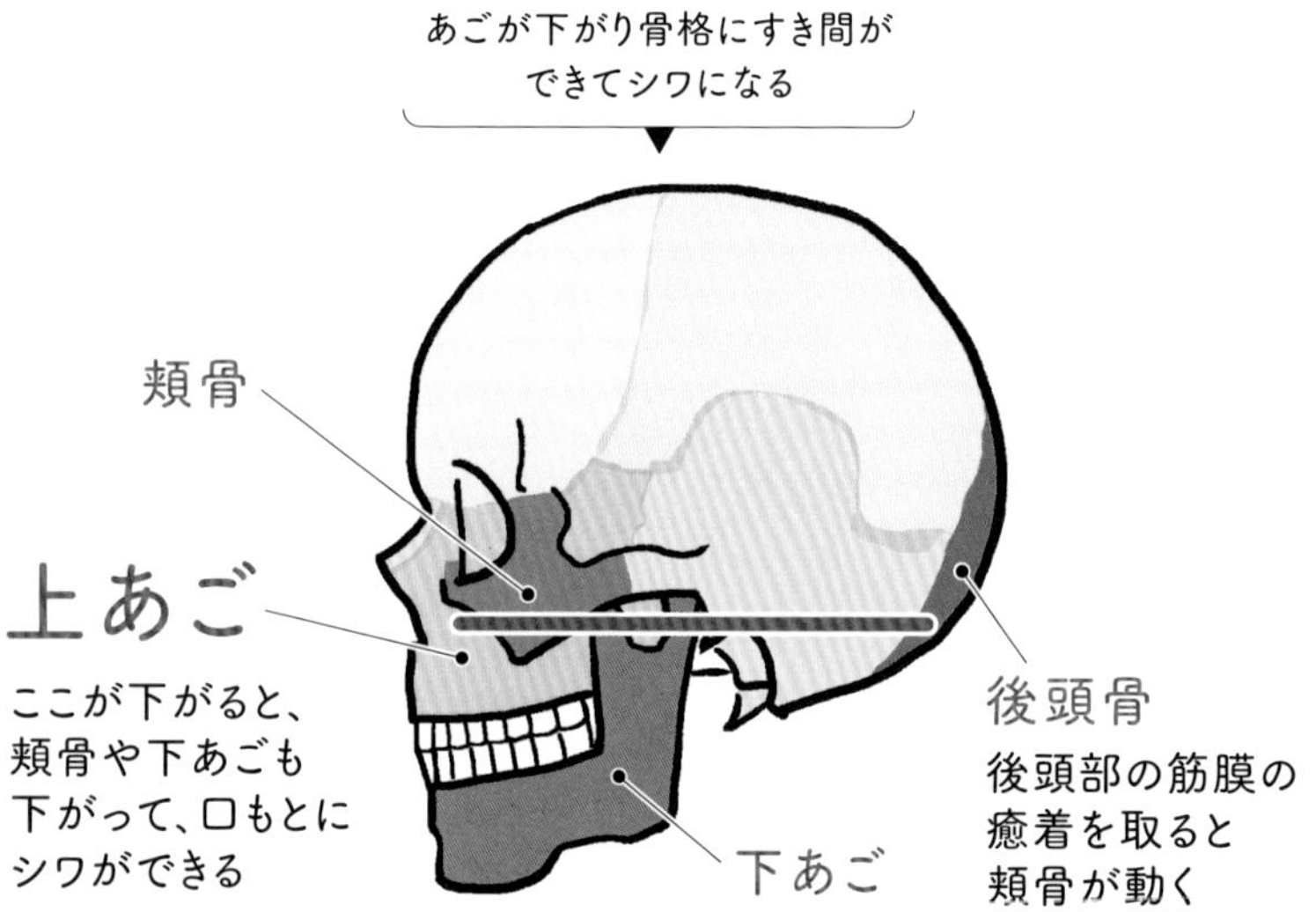
あごが下がり骨格にすき間ができてシワになる
頬骨
上あご
ここが下がると、頬骨や下あごも下がって、口もとにシワができる
後頭骨
後頭部の筋膜の癒着を取ると頬骨が動く
下あご

フェイスラインのたるみや見た目の老化に直結する口もとをケアしましょう。

スマートフォンを見るなど、下を向く時間が長いと、本来なら自然なカーブを描いているはずの首の骨がまっすぐになる「ストレートネック」に。すると、上あごが前にずれ、さらに頬骨が前方へ落ちてしまいます。下あごも下がってきて、骨にすき間ができることで、その部分にシワが入り、ほうれい線やマリオネット線ができます。

小鼻から口もとにかけてできるシワが、ほうれい線。
口角からあごにかけてが、マリオネット線

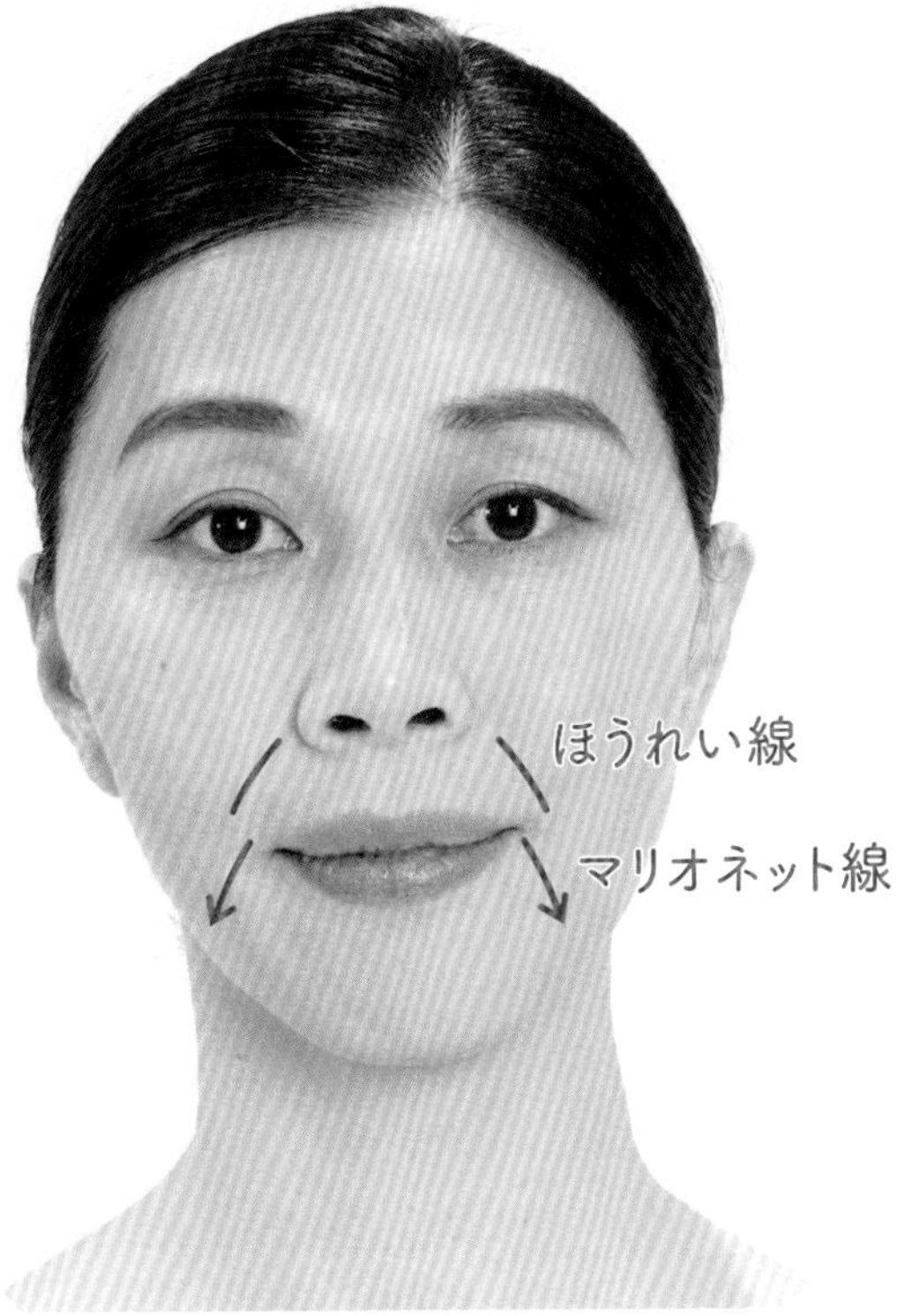

こんな人におすすめ

- ほうれい線が目立つ人
- マリオネット線が目立つ人
- への字口になる人

1日1分
基本のメソッド
3日目

口角を引き上げる

骨格小顔メソッド

1 顔を上げ、ほうれい線を伸ばす

ほうれい線が薄くなる位置まで顔を上げ、指の腹を使ってほうれい線を少し伸ばして皮膚を押さえる。

2 反対側の手を頭の後ろにセット

上を向いたまま、伸ばしているほうれい線側の後頭部（耳の裏周辺）に手をセット。

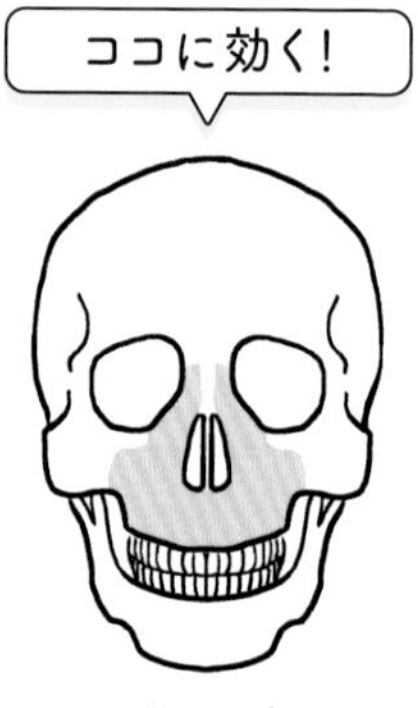

上あご

\ 動画1章で詳しくチェック! /

3 頭の後ろをゴソゴソ揺する

頭の後ろあたりの頭皮をゴソゴソ揺らす。力の入れ方は自分が気持ちいいと思う強さで。ここの筋膜の癒着を取ることで、骨があるべき位置に戻ってすき間がなくなり、シワが薄くなる。

4 反対側も同様に行う

1日1分
基本のメソッド
4日目

まぶたのたるみをスッキリ!

まぶたがたるむ理由

前頭骨
前方に落ちると、
目もとの筋肉が緊張
鎖骨周辺のデコルテ
首のつけ根、
鎖骨周辺のこと
デコルテ部分がゆがむと
前頭骨が前方へ落ち、
目もとのたるみにつながる

目もとのたるみを改善して、顔全体をスッキリ、若々しい印象に。

目の周りと、鎖骨やその周辺のデコルテの骨格は連動しています。スマートフォンやパソコン作業で猫背の姿勢が続くと、鎖骨や肋骨が下がり、前頭骨（おでこ）が前方へ落ちていきます。するとおでこや目の周りの筋肉が固まり、皮膚がハリを失い、目もとがたるむのです。

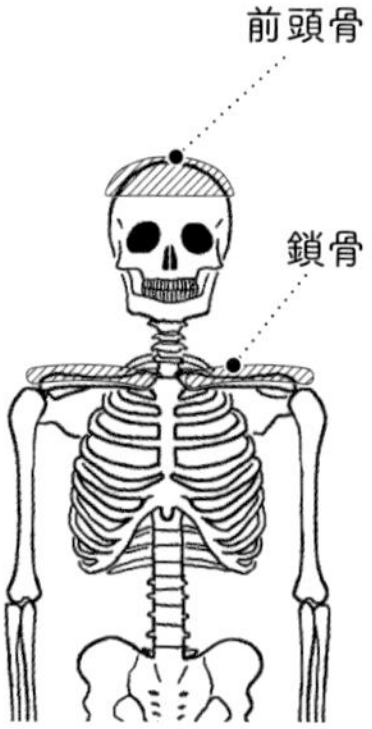
前頭骨
鎖骨

まぶたがたるむと
目がたれたり、
くぼんで見えることも

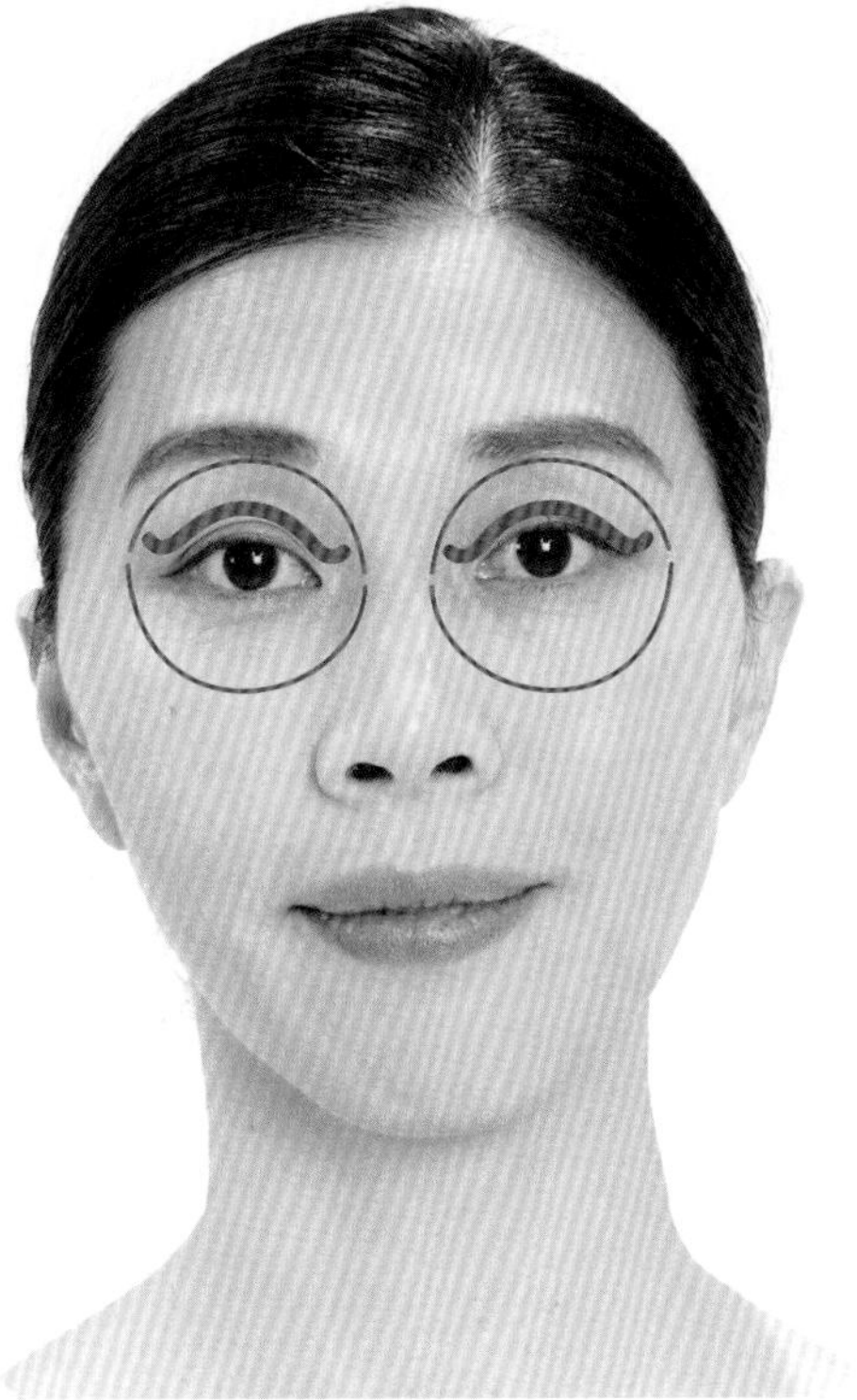

こんな人におすすめ

- まぶたがたるんできた人
- たれ目になってきた人
- 目の周りの皮膚にハリがない人
- 目がくぼんでいる人

1日1分
基本のメソッド
4日目

まぶたのたるみをスッキリ!

骨格小顔メソッド

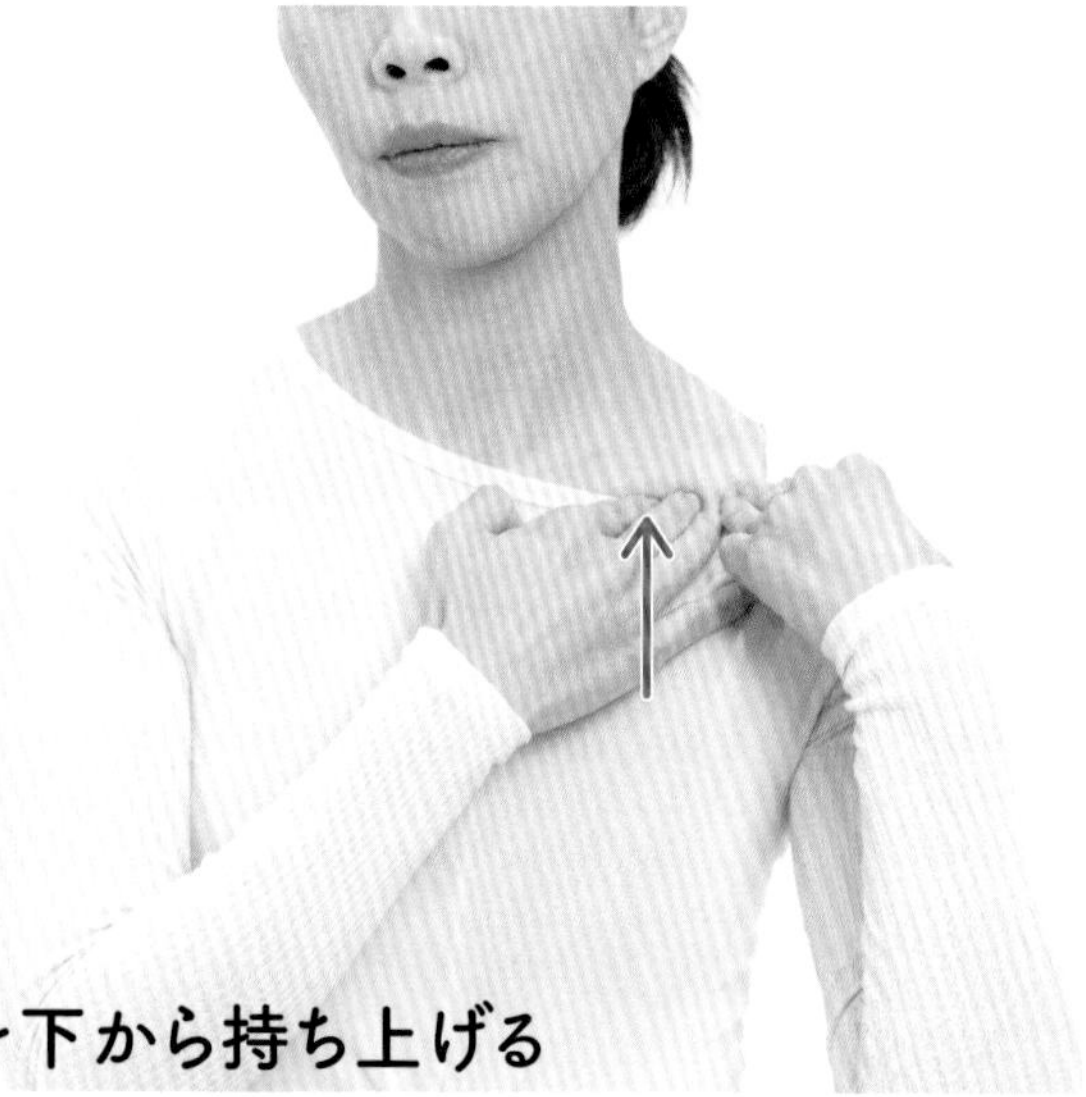

1

鎖骨を下から持ち上げる

鎖骨の位置を確認して、下からグッと持ち上げる。

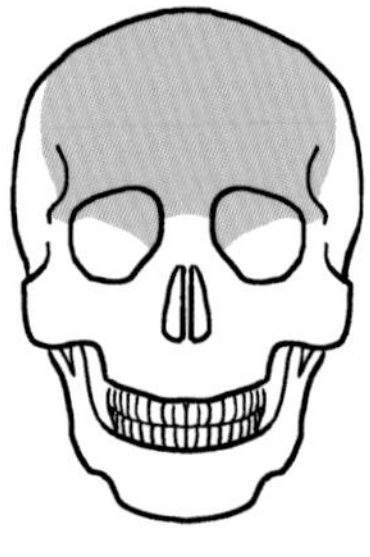

POINT

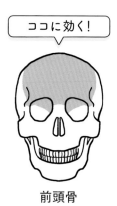

動画1章で
詳しくチェック!

2

上体を反らす＆丸める

3〜4セット

上体を反らしたり丸めたりして鎖骨を動かす。

NG

あごには力は入れず、自然に。
あごに力が入ると首に負担がかかります。

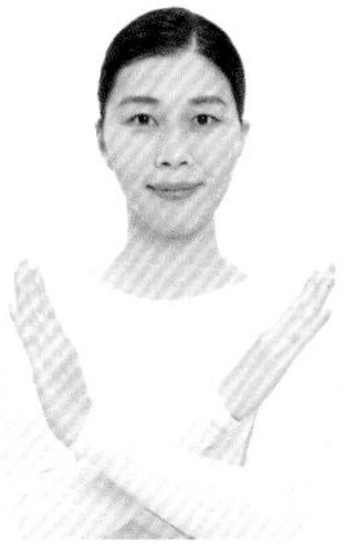

3
上体をひねって反らす&丸めるを繰り返す

鎖骨と肋骨の癒着が少し取れてくると、上体を横にひねることができるようになります。鎖骨をグッと押し上げた状態で、上体を横にひねりながら反らす、丸めるを繰り返す。

3～4セット

4
体をひねる向きを変えて、反対側も同様に行う

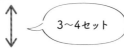

動画1章で
詳しくチェック!

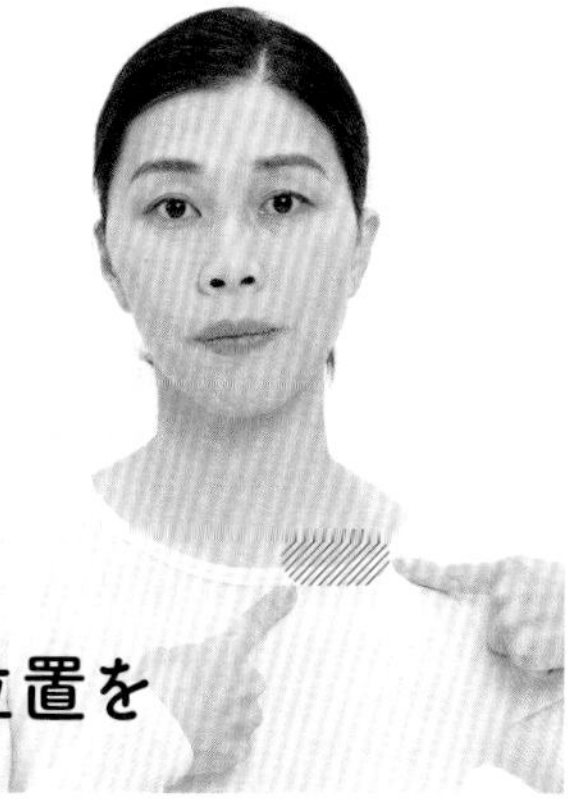

5
鎖骨を持ち上げる位置を変えて同様に行う

鎖骨の肩に近い部分を下からグッと押し上げて、2反らす＆丸める、3上体をひねって反らす＆丸めるの動きを繰り返す。

6
反対側も同様に行う

3〜4セット

OK

正座がつらければ
椅子に座って
行ってもOK

1日1分
基本のメソッド
5日目

眉間のシワを薄くする！

眉間にシワができる理由

おでこがカチカチになると
肌にハリがなくなり、シワが寄る

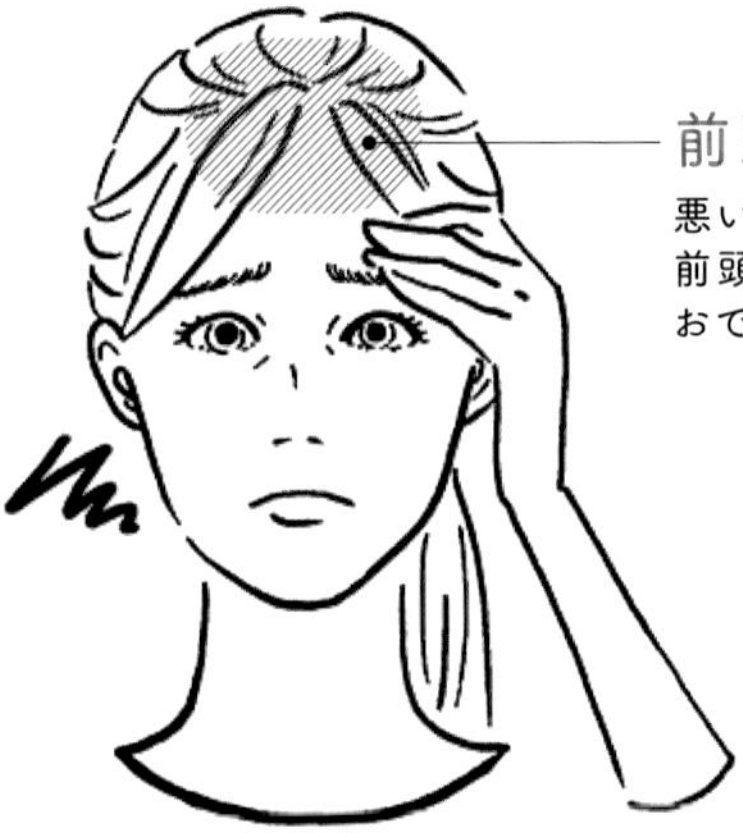

前頭骨
悪い姿勢などで
前頭骨が前に落ちると、
おでこの筋肉が緊張

骨格を整えることで、気になるシワも改善しましょう。

猫背の姿勢が続くと、鎖骨や肋骨が下がり、連動して背骨が丸まり、前頭骨（おでこ）が前に落ちていきます。するとおでこの筋肉が緊張でカチカチになり、皮膚がハリを失って、眉間のシワが目立つように。

カチカチになった前頭骨をほぐすことで眉間の皮膚がピンと張り、シワが改善。おでこに自然な丸みが戻り、立体的な美人顔に近づくことができます。

前頭骨を整えると
眉間のシワや
おでこの形が改善！

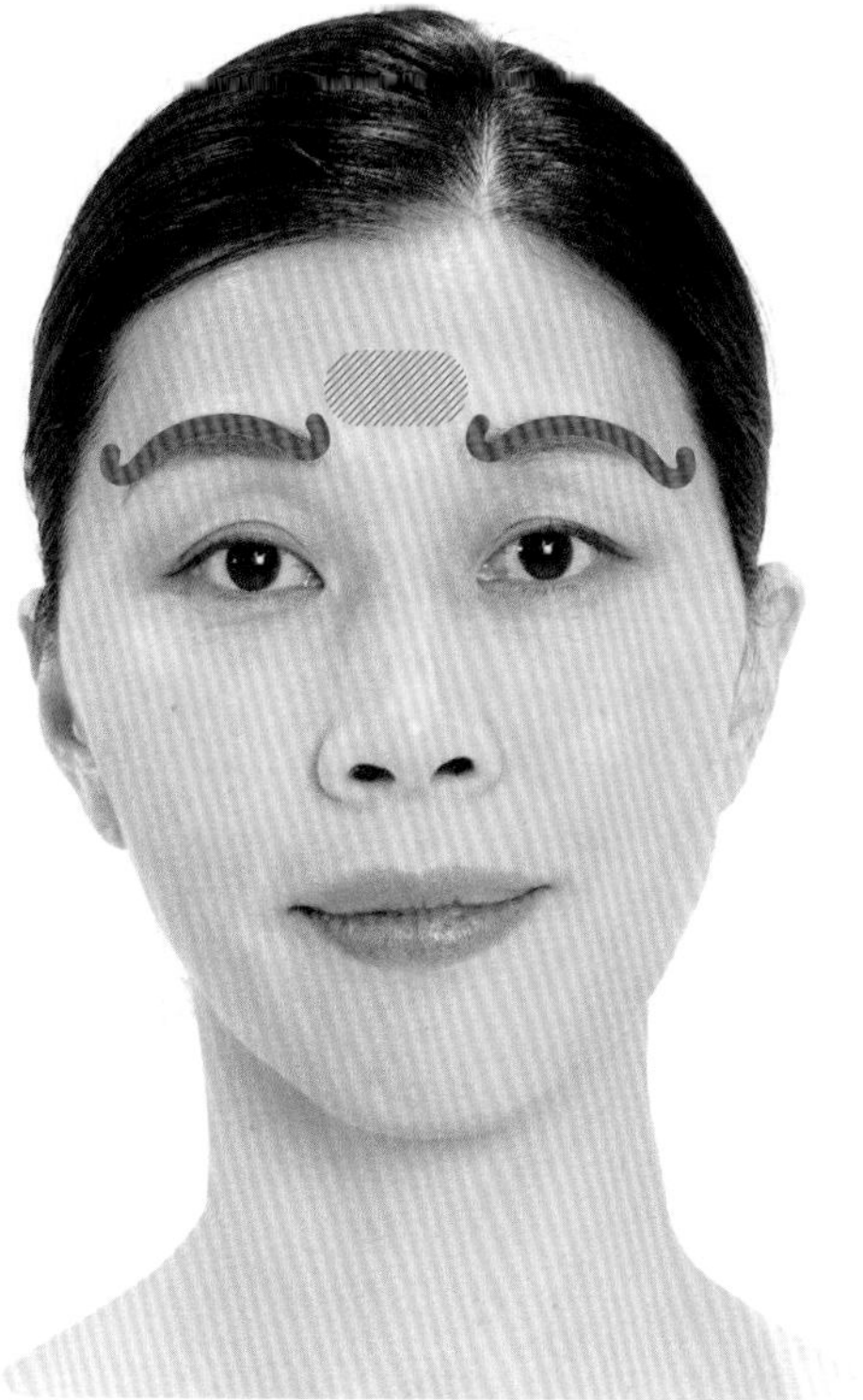

こんな人におすすめ

- 眉間のシワが気になる人
- 眉上の部分が盛り上がっている人
- 眉間に縦ジワや横ジワができる人
- おでこが平らな人
- おでこが狭い人

1日1分
基本のメソッド
5日目

眉間のシワを薄くする!
骨格小顔メソッド

1

ねじりはちまきを用意

手ぬぐいで
ねじりはちまきをつくる。

頭まわりを1周巻ける
長さがあれば大丈夫。
スポーツタオルなどでもOK

ココに効く!

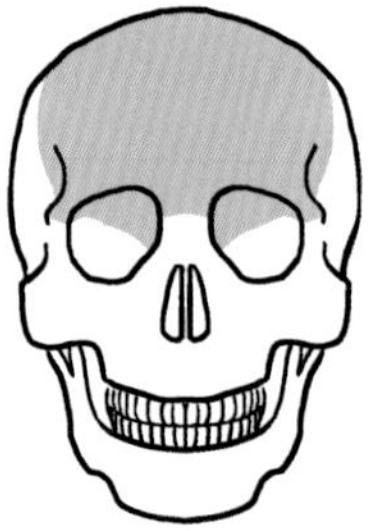

前頭骨

\ 動画1章で詳しくチェック! /

2

アイホールの骨に引っ掛けて結ぶ

眉毛の少し下のくぼみ、アイホールの骨に引っ掛けてキュッと結ぶ。

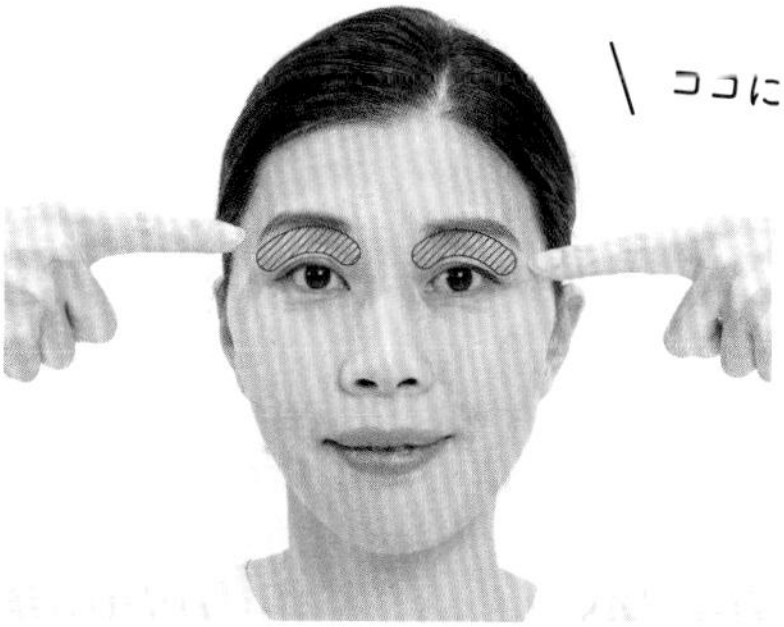

3

はちまきを眉上まで引き上げる

はちまきを結んだら眉毛のあたりまで引き上げる。
眉毛の上あたりでキープ。

4

頭を下にしてゴロゴロ

正座したまま頭を床につけて頭をゴロゴロと転がす。耳を床に近づけるようにゆっくり行うとおでこ全体のシワが伸びやすい。

動画1章で
詳しくチェック!

OK この姿勢でもOK

正座で床に頭をつける姿勢がつらければ、重ねた本・ヨガブロックなど硬いものの上で頭をゴロゴロしても。

1日1分
基本のメソッド
6日目

鼻すじをシュッとさせる！

鼻が横に広がってしまう理由

骨の空洞が広がることで鼻の軟骨や
皮膚も横に引っ張られる

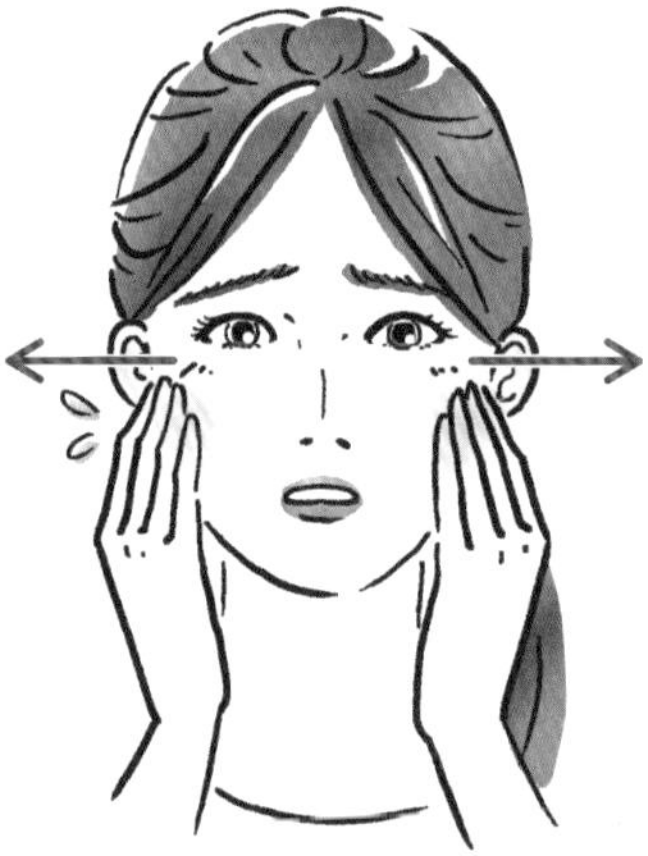

鼻すじが通ったスッキリ小顔は、若々しい印象を与えます。

年齢を重ねるほど鼻すじが低くなり、小鼻が広がって、顔がのっぺりしてきたと悩む人も多いようです。加齢により骨密度（骨量）が低下すると、目もとや鼻周りにある骨の空洞が広がっていきます。すると、顔の中心にある鼻の皮膚や軟骨も左右に引っ張られ、鼻の形が変化してしまうのです。広がった鼻を戻すためには、鼻の位置を引き上げ、鼻すじを高くするメソッドが有効です。

鼻が横に広がると
顔がのっぺりして大きく見える

こんな人におすすめ

- 鼻の穴が広がっている人
- 鼻が低い人
- 鼻すじをスッキリ通したい人

1日1分
基本のメソッド
6日目

鼻すじをシュッとさせる!
骨格小顔メソッド

1 片方の手で鼻を持ち上げる

軽く上を向いて鼻をグッと持ち上げる。

2 もう一方の手で鼻周りをゴソゴソ揺らす

もう一方の手の指で、鼻の周りをゴソゴソ揺らす。

POINT

ゴソゴソ揺らすのはどの指を使ってもOK

力加減は「気持ちいい」程度で。力を入れすぎると炎症を起こすことがあるので注意!

ココに効く!

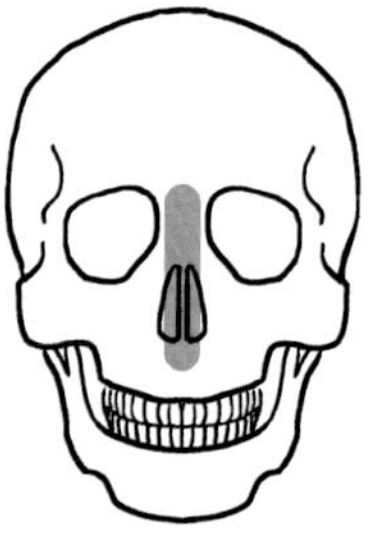

鼻の軟骨

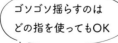

動画1章で
詳しくチェック!

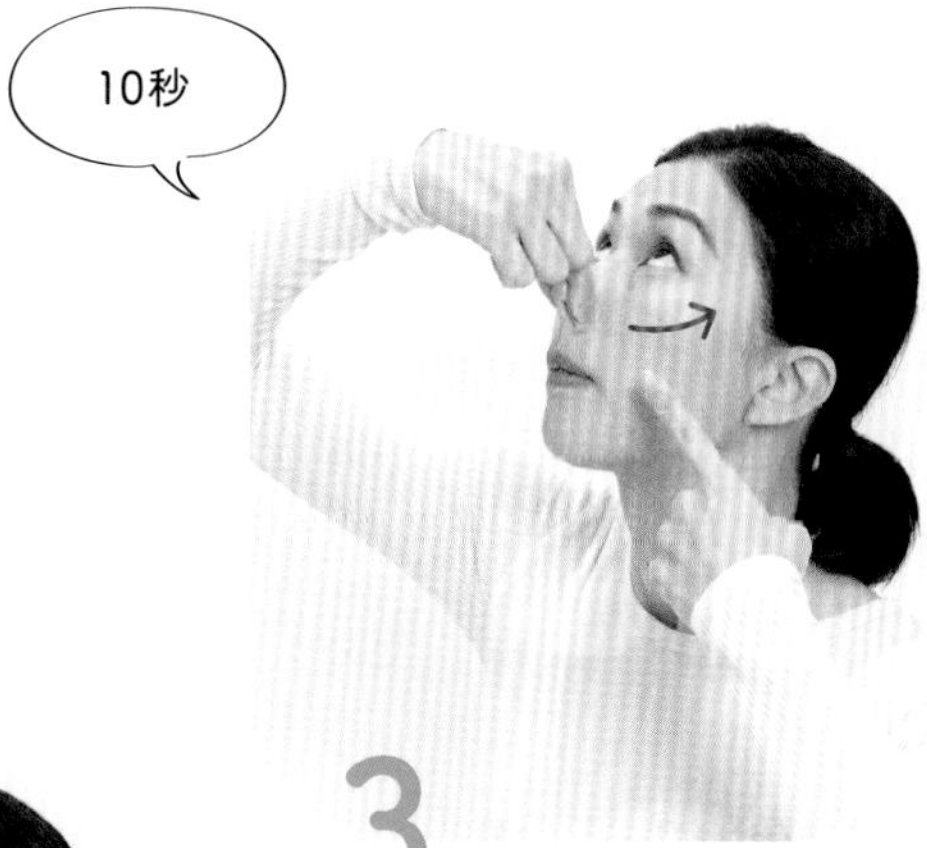

3 ほおをゴソゴソ

指の位置をほおの内側に移して、頬骨の下まで、指の位置をずらしながらゴソゴソ揺らす。

4 目の周りもゴソゴソ

指の位置を目もとに移して、目の周りをぐるりと1周ゴソゴソ揺らす。

5 反対側も同様に行う

POINT

ゴソゴソする場所はココ!

肌のハリ・ツヤをアップ!

肌のハリがなくなる理由

骨格がデコボコになると
皮膚がたるむ

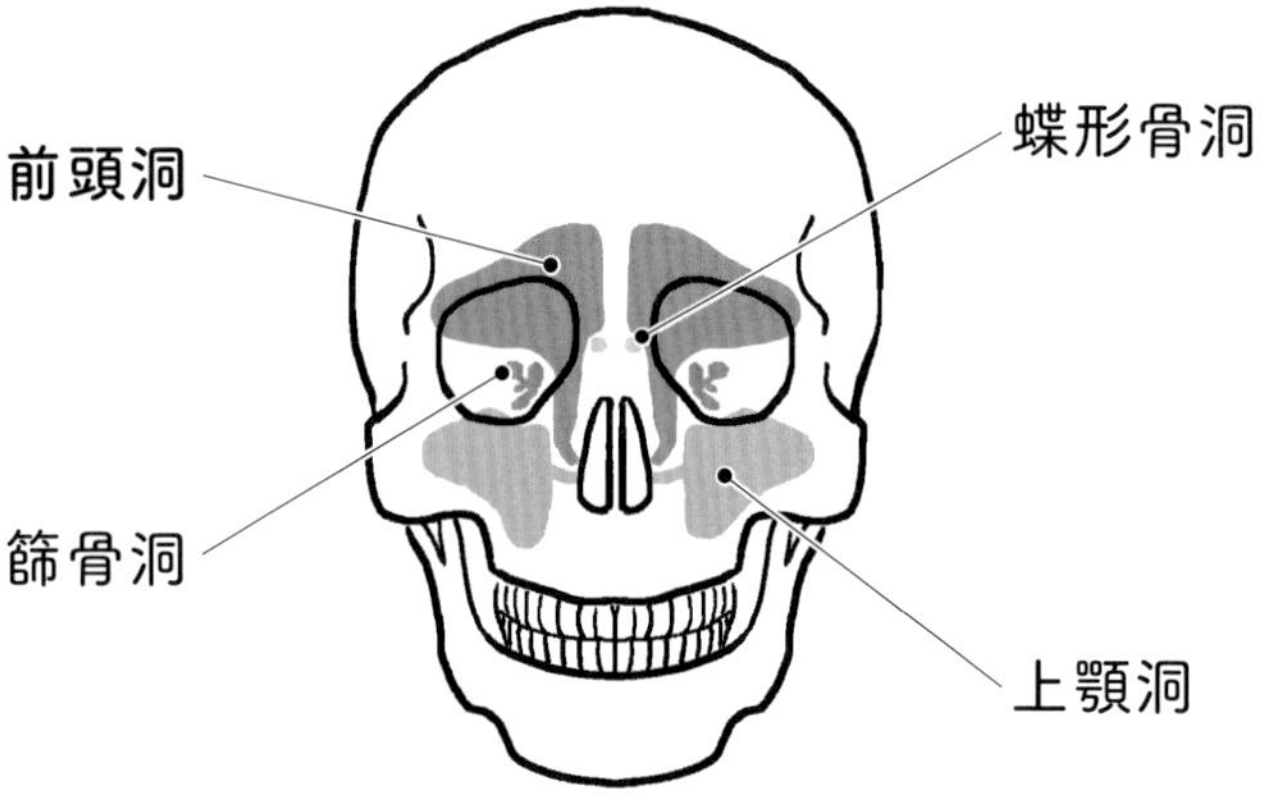

顔の形を丸く、小さく整えると、肌のハリや色ツヤもよくなります。反対に骨格がゆがんで皮膚がたるむと、連動して毛穴も広がり、肌がデコボコになって、光を反射しないため、くすんで見えるように。

そこで顔の中心にある鼻の空洞（上の図）などに空気を入れ、骨格を整えて顔を球体に戻しましょう。皮膚のたるみが改善するので、肌にハリとツヤがよみがえり若々しい印象に。これで基本メソッドは終了。繰り返し行い、効果を実感してみて。

肌をこすらず、骨格に空気を通すこのメソッドは、
肌への負担が少なくおすすめです！

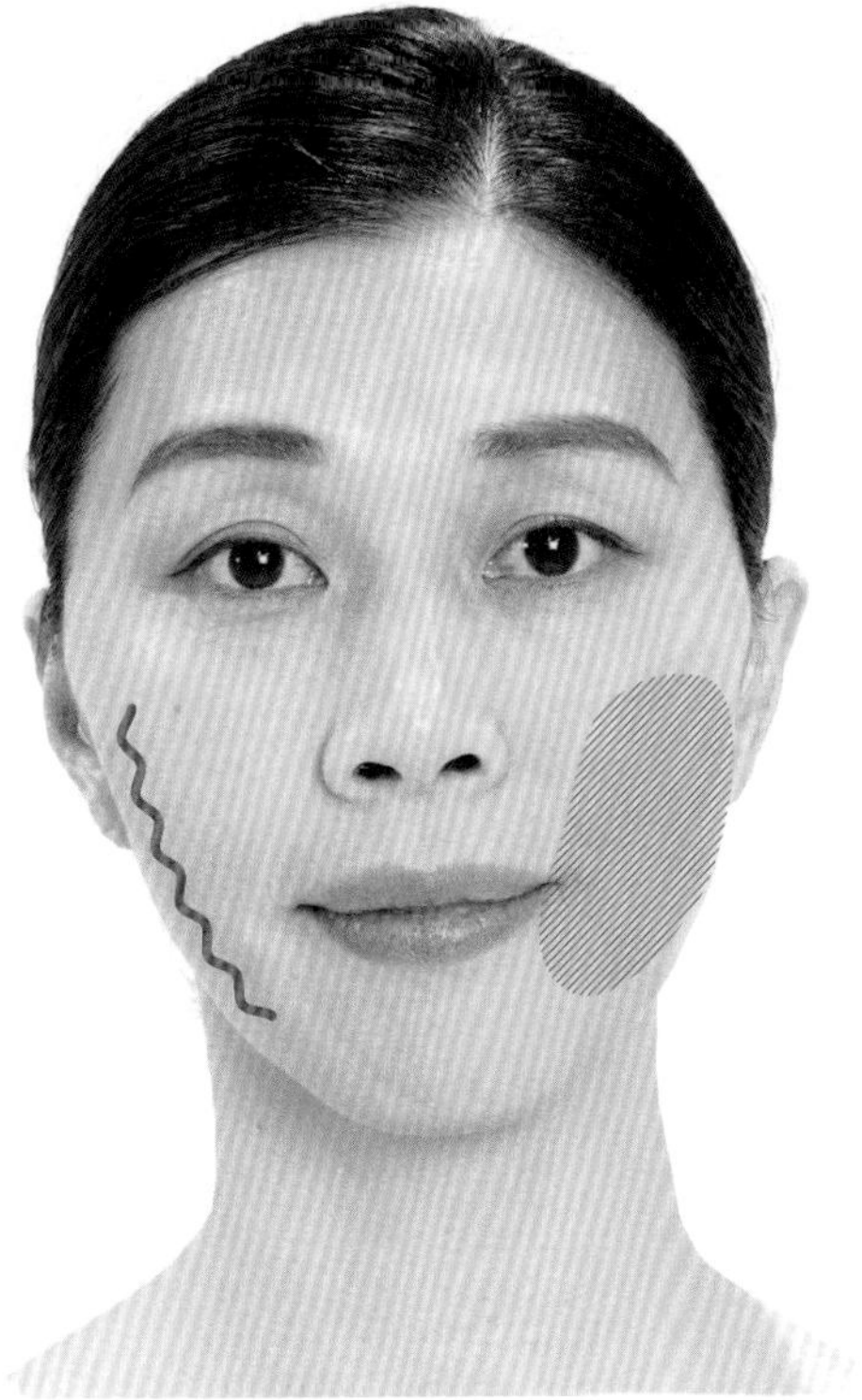

こんな人におすすめ

- 肌にハリやツヤがない人
- くすんだ肌が気になる人
- 毛穴が目立つ人

肌のハリ・ツヤをアップ！骨格小顔メソッド

1

片方の鼻の穴を押さえる

人さし指で鼻の穴を
横からしっかりと押さえる。

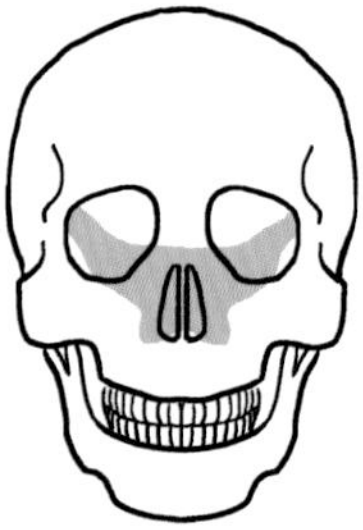

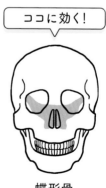

＼動画1章で詳しくチェック！／

2

反対の指で頬骨を引き上げ、空気を入れる

息を深く吸って、目の下の上顎洞（下参照）に空気を入れるイメージで、3～5呼吸。反対側の指2本で頬骨を上げたり下げたりすると、空気が入りやすい。

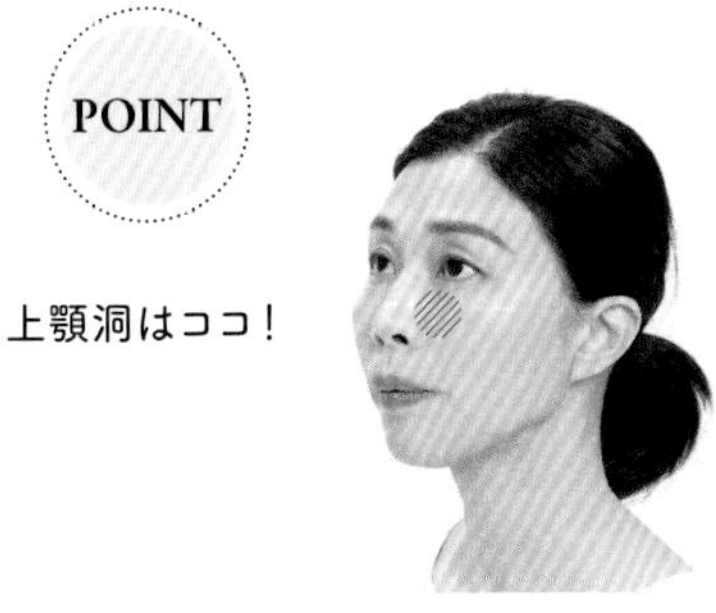

3

目頭を引き上げて空気を入れる

息を深く吸って、目頭の蝶形骨洞（下参照）に空気を入れるイメージで、3～5呼吸。反対側の指で目頭と眉頭を持ち上げると、空気が入りやすい。

POINT

蝶形骨洞はココ！

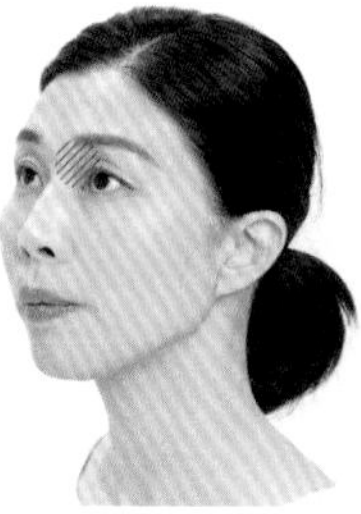

動画1章で
詳しくチェック！

4 眉頭を引き上げて空気を入れる

眉頭から鼻のつけ根の前頭洞（下参照）に空気を入れるイメージで、3～5呼吸。反対側の指で眉頭を持ち上げると空気が入りやすい。

5 反対側も同様に行う

OK

空気が
入りづらい人は
下を向いても
OK！

POINT

前頭洞はココ！

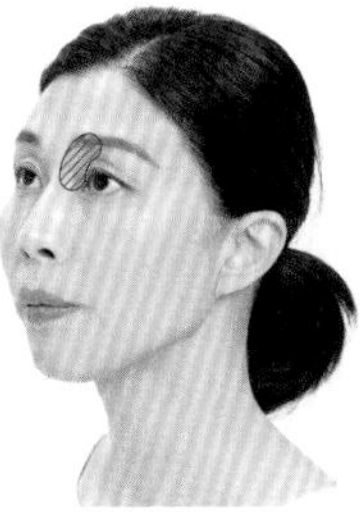

COLUMN

2

私が筋トレやストレッチをしない理由

「美を追求するために、骨格ケア以外にも何かしていますか?」と聞かれることがあります。実は筋トレ、ストレッチ、食事制限、何ひとつしていません!

私は「自然界に生きている動物がしないような行動」は、同じ生き物である人間にも不自然で負担がかかることのように感じるので、行わないようにしています。むしろ自然界で当たり前とされる「よく寝ること」「しっかり呼吸すること」を意識しています。

たったそれだけ?　と思われるかもしれませんが、コンディションが整うことで、骨格ケアの効果も高まります。健康的に暮らし、骨格ケアを行うだけで、美容効果も健康効果も絶大です。ぜひ皆さんにも実感してほしいと思います。

2章

目、鼻、エラ張り、ゆがみを解消
気になる部分を集中ケア!
1分セレクトメソッド

STEP 2

気になる悩み別にアプローチ!

基本のメソッドに加えたい！
お悩み別セレクト骨格小顔メソッド

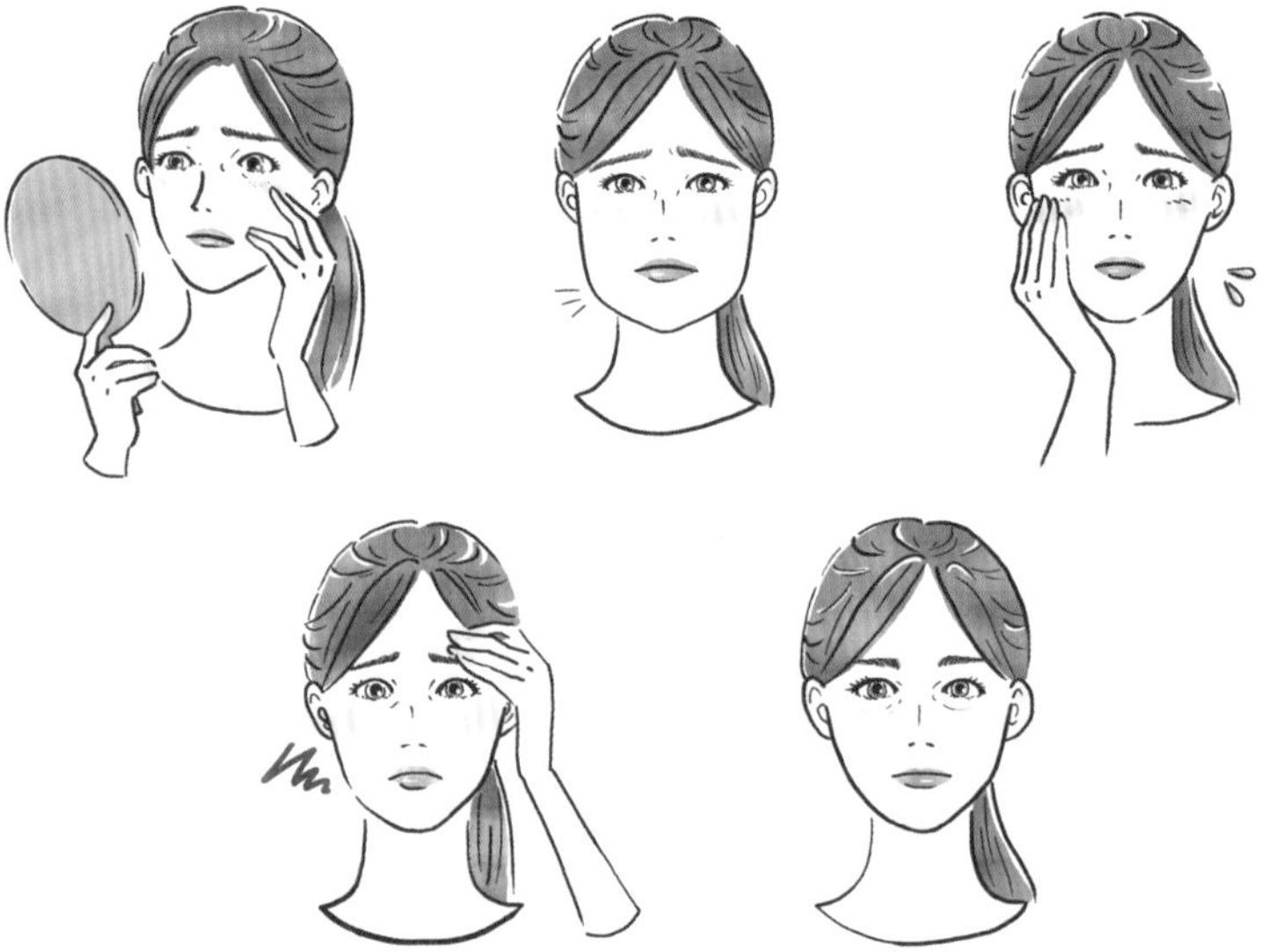

ここでは、7日間メソッドに加えて実践していきたい、パーツ別の悩みに特化した1分セレクト骨格小顔メソッドをご紹介します。

顔の悩みは人それぞれ。「エラ張りが気になる」「鼻の下が長い」「まぶたが下がってきた」「あごがゆがんでいて気になる」など。たとえ周りの人は気にしなくても、毎日見る自分の顔だからこそ、細かいところまで気になってしまうもの。

ぜひ気になるものを1日1分、実践してみてください。

小顔になれるだけでなく、
スッキリ整った「美人顔」に！

こんな人におすすめ

- エラ張りに悩んでいる人
- 頬骨が突き出て悩んでいる人
- 鼻の下が長い人
- だんご鼻の人
- 目をパッチリさせたい人
- 口角が下がっている人
- あごがゆがんでいる人

エラ張り
改善に効く骨格小顔メソッド

エラが張ってしまうのは、前かがみの姿勢が続き、下あごが落ちてきていることが原因。あごを支えている胸鎖乳突筋のねじれを取ってエラ張りを改善していきましょう。

1
胸鎖乳突筋をグッと引き上げる

エラの横、耳の下にある胸鎖乳突筋をグッと引き上げる。顔も少し上げる。

ココに効く!

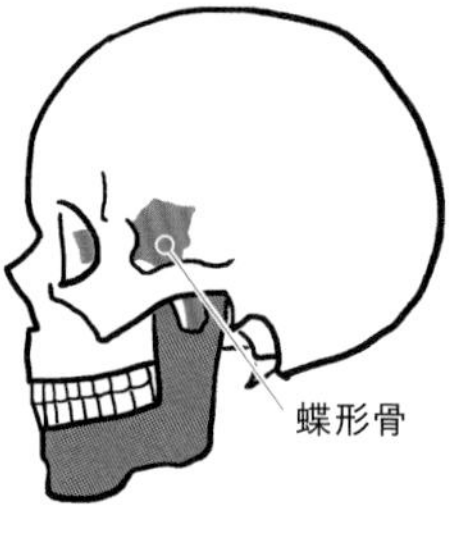

下あご

POINT

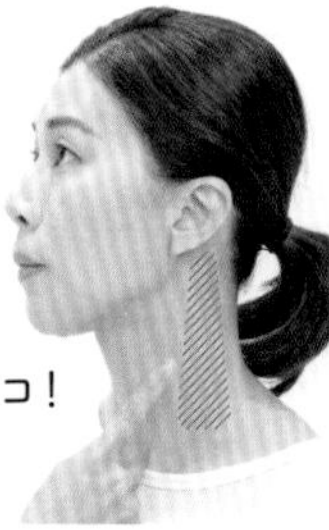

胸鎖乳突筋はココ!

＼動画2章で詳しくチェック！／

POINT

蝶形骨はココ！

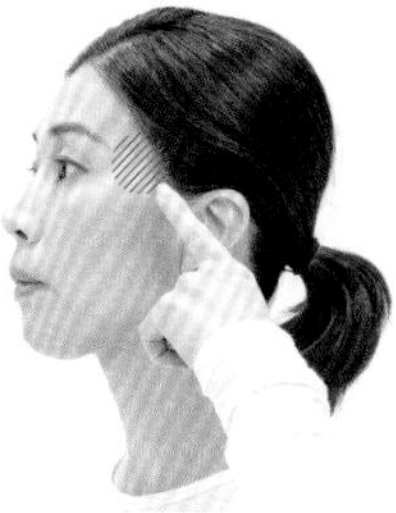

2

もう片方の手で蝶形骨をグッと押さえ、上を向く

こめかみの指1本分後ろにある蝶形骨を
押さえて上を向く。

NG

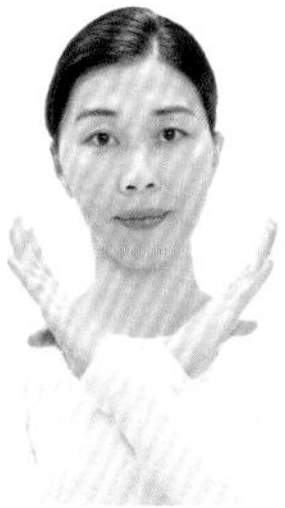

下を向かないようにする

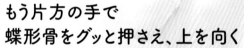

3

上体をひねる

上を向き、手を当てたままの状態で上体を手と反対側にひねる。

動画2章で
詳しくチェック!

4
ひねったまま丸まり、6呼吸する

側頭部を床につけて6呼吸する。側頭部が床につかなければ浮いた状態でOK。

背骨を丸めて
緊張をほぐす
イメージ

5 反対側も同様に行う

ほお張り
改善に効く骨格小顔メソッド

前かがみの姿勢が続いて、上あごやこめかみ部分の蝶形骨が前方へ落ちると、頬骨も前へ出てきて目立つように。頬骨を押し上げ、背骨の緊張を取ることで改善！

1
ほおの肉を持ち上げる

頬骨の下を手で押さえ、グッと引き上げる。顔も少し上げる。

POINT

頬骨はココ！

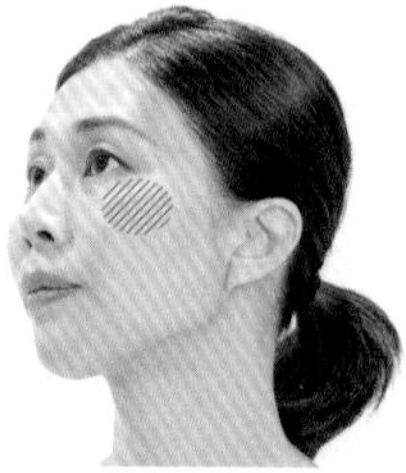

ほおの突き出た部分です

蝶形骨はココ！

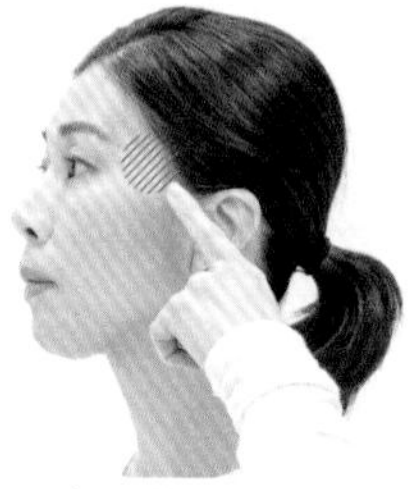

こめかみの指1本分後ろにあります

ココに効く！

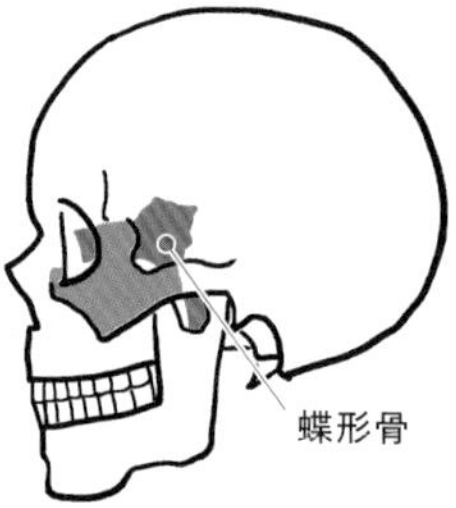

頬骨

動画2章で
詳しくチェック!

2

もう一方の手で蝶形骨を
押さえ、さらに上を向く

3

上体をひねる

手を当てたままの状態で、
上体を手と反対側にひねる。

苦しければ床に
つかなくても OK

4

ひねったまま丸まり、6呼吸する

床に側頭部をつけて6呼吸する。

5

反対側も同様に行う

1分セレクト
骨格小顔メソッド

長い鼻の下

を短くする骨格小顔メソッド

前傾姿勢などで、鼻の下にある上あごが下がってくると、いわゆる「面長」に。鼻と後頭部を刺激し、上あごの位置を整えます。

1

両ほおを引き上げる

親指と人差し指を左右の頬骨に当て、グッと引き上げる。

ココに効く！

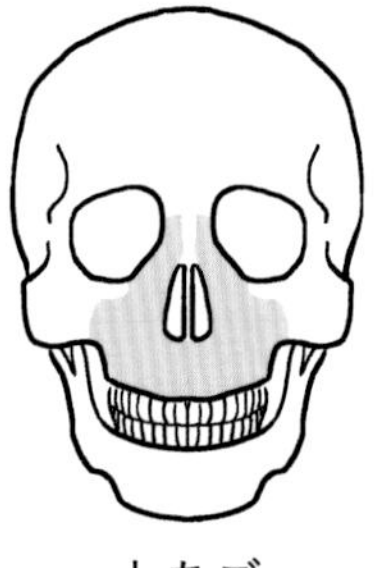

上あご

動画2章で
詳しくチェック!

2

上を向く

両ほおを引き上げたまま上を向く。

POINT

手を添える位置はココ！

3 頭の後ろに手を添える

POINT

上あごを頭の後ろで支えるイメージで。上あごの位置が正しい位置に戻ることで、「絶壁」が改善し、頭の形がよくなる効果も。

動画2章で
詳しくチェック！

4

そのまま床におでこをつけて10呼吸する

背骨を丸めて床におでこをつけ、
10呼吸する。

おでこが床につかなかくてもOK
無理せず行いましょう

だんご鼻
を改善する骨格小顔メソッド

横に広がった鼻をつまんで、鼻骨の位置を整えていきます。
鼻すじが通った、立体的な小顔をめざしましょう!

1
鼻をつまむ

鼻を軽くつまんで引き上げる。

2
もう片方の手を首のつけ根に添え、上を向く

頭から首までを支えるように手を添える。

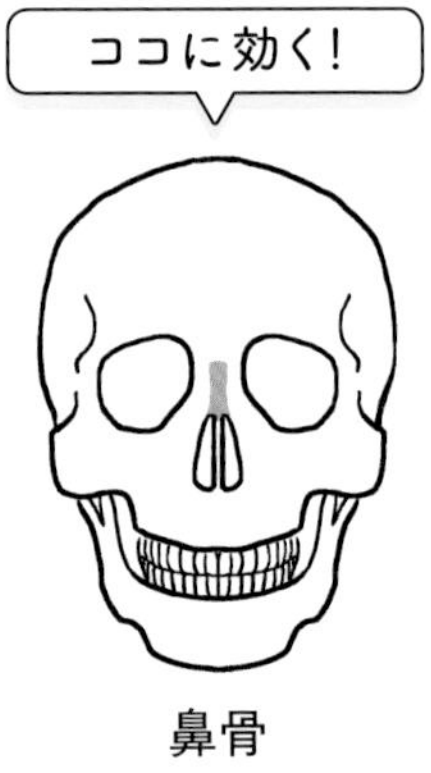

\ 動画2章で詳しくチェック! /

3回うなずく

それぞれ3回うなずく

3 ゆっくり3回うなずく

ゆっくり大きく、自然にうなずく。

4 手を添える位置を生え際、後頭部上側に変えてそれぞれゆっくりうなずく

手を添える位置はココ!

POINT

鼻骨は、後頭部と連動しています。手を添える位置を変えながら、後頭部全体を支えるようにして鼻骨を動かすと、骨格のずれが調整できます。

1分セレクト
骨格小顔
メソッド

目をパッチリ
させる骨格小顔メソッド

スマホやパソコンなどで目の焦点を近くに合わせたまま長時間目を使うと、目の周りの筋肉が凝り固まってしまいます。凝りをほぐして目をパッチリさせると、相対的に小顔に見えます。

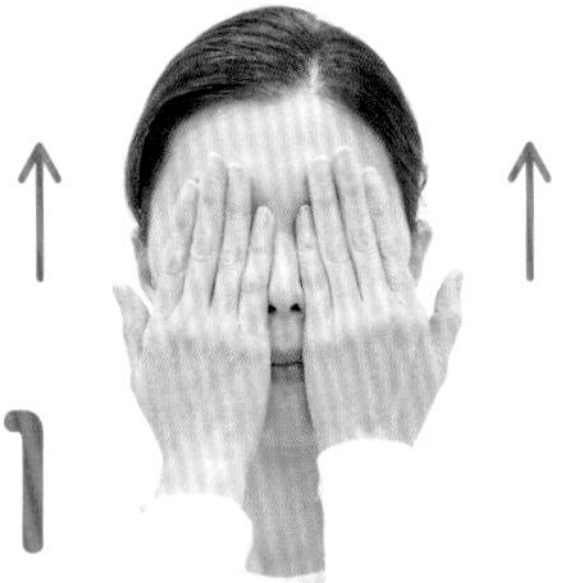

1 両目を手のひらで覆って軽く押し上げる

手のひらは、ハイタッチするように軽くまっすぐに広げる。両目を覆い、軽く押し上げる。

目玉を2～3回
上下に動かす

手のひらの中の動き

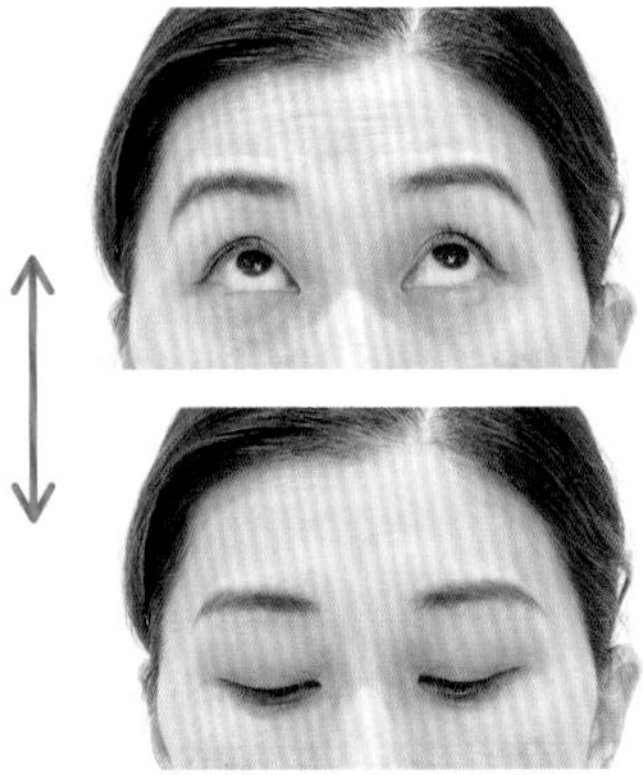

2 そのまま目玉を上下に動かす

目を上下にゆっくりと大きく動かす。

ココに効く!

眼輪筋

動画2章で
詳しくチェック!

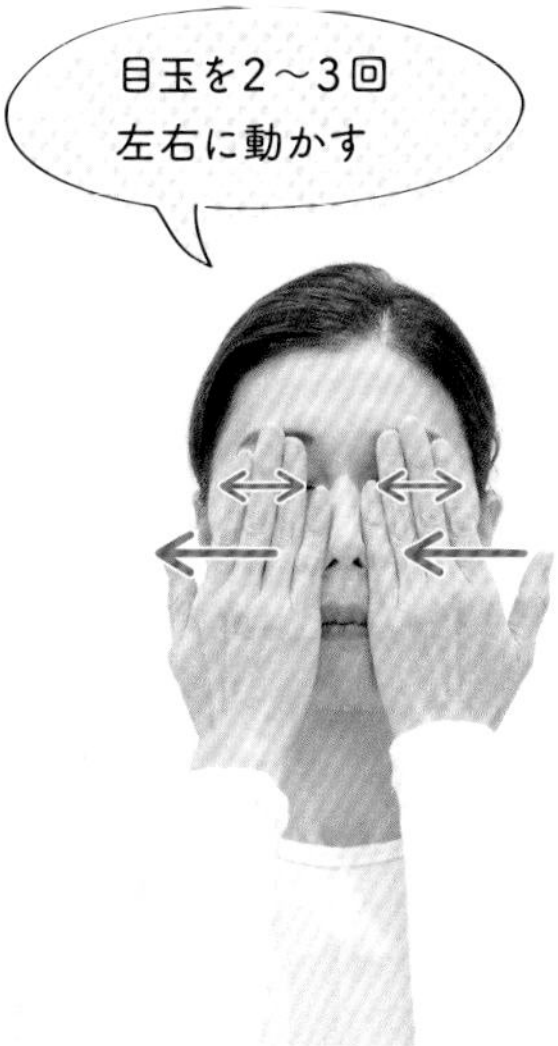
目玉を2〜3回
左右に動かす

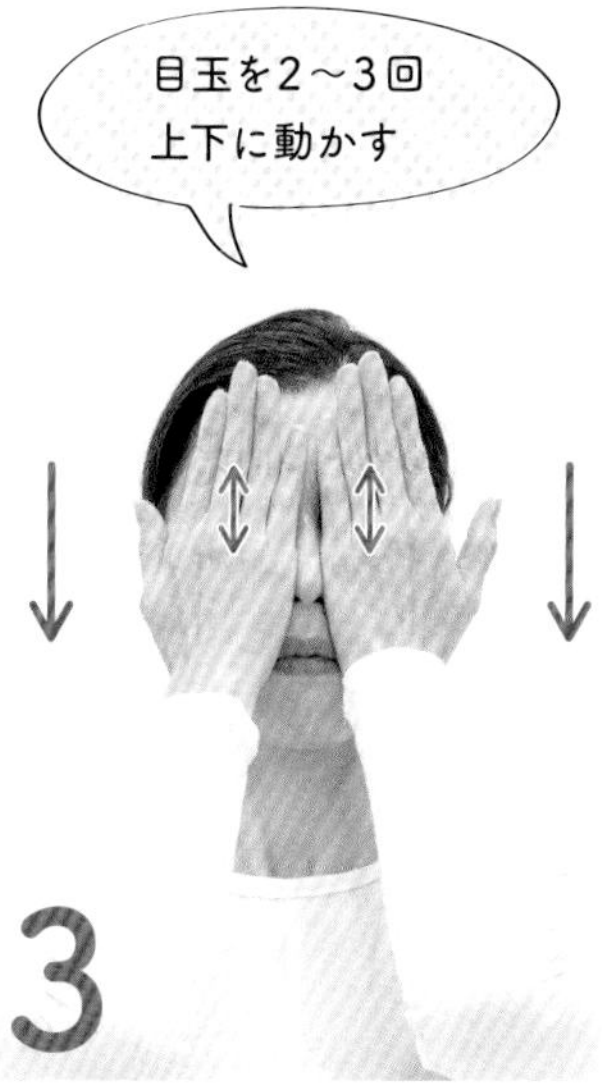
目玉を2〜3回
上下に動かす

3 手のひらを押し下げ、目玉を上下に動かす

両目を覆った手のひらを軽く押し下げ、目玉を上下にゆっくりと大きく動かす。

手のひらの中の動き

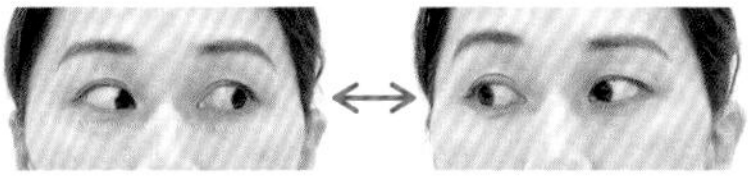

4 手のひらを右へ動かし、目玉を左右に動かす

目もとを軽く押したまま手のひらを右へ動かす、目玉を左右にゆっくり大きく動かす。

POINT

顔の向きは正面をキープ。目玉を下げるときに顔まで下げないように!

5 手のひらを左に動かし同様に目玉を左右に動かす

1分セレクト
骨格小顔
メソッド

口角がキュッと上がる骨格小顔メソッド

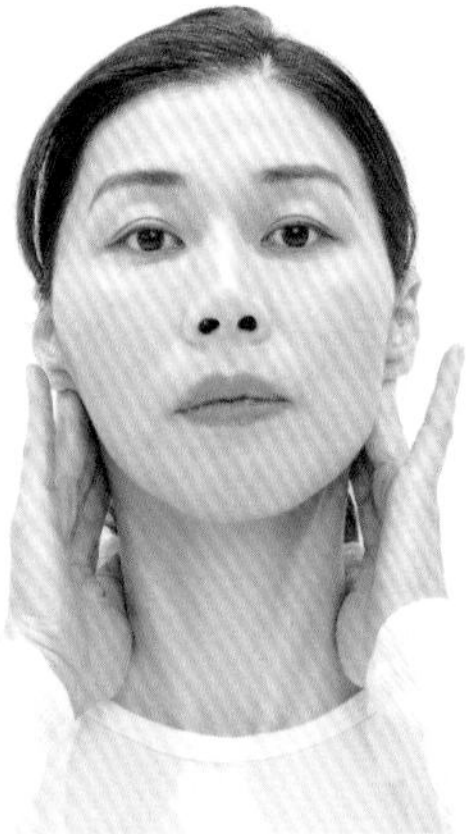

口角が下がると、老けた印象を与えるだけでなく、顔が四角く、大きく見えます。口角を上げるには、下あごのつけ根部分「乳様突起」周りをほぐしましょう。口周りの動きがよくなり、自然な笑顔が作れる効果も。

1

耳の後ろにある乳様突起をグッと押し上げる

POINT

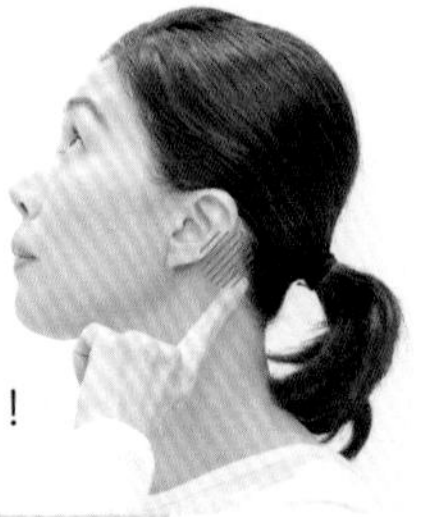

乳様突起はココ！

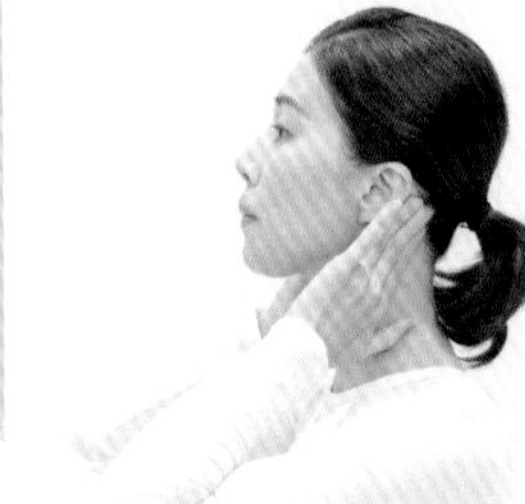

耳の後ろにある出っ張った骨です

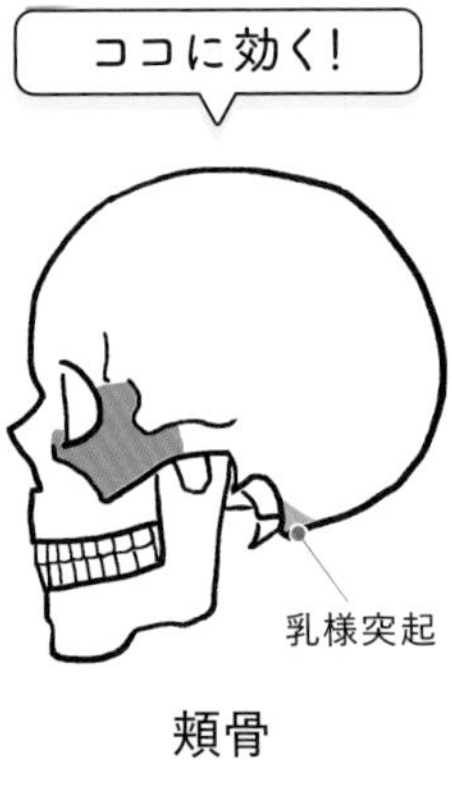

頬骨

＼動画2章で詳しくチェック！／

2 乳様突起を押しながら首を傾ける

首の傾きをサポートするように、
片手を下げ、片手を上げる。

舌を両方向に
ぐるりと1周

3
歯茎をなめるように舌を動かす

唇の裏と歯茎をなめるようにしっかりと舌を動かしていく。右回り、左回り1周ずつ。

舌を両方向に
ぐるりと1周

4
首を反対側に傾けて舌を動かす

首を反対側に傾け、同様に舌を右回り、左回り1周ずつぐるりと動かす。

動画2章で
詳しくチェック!

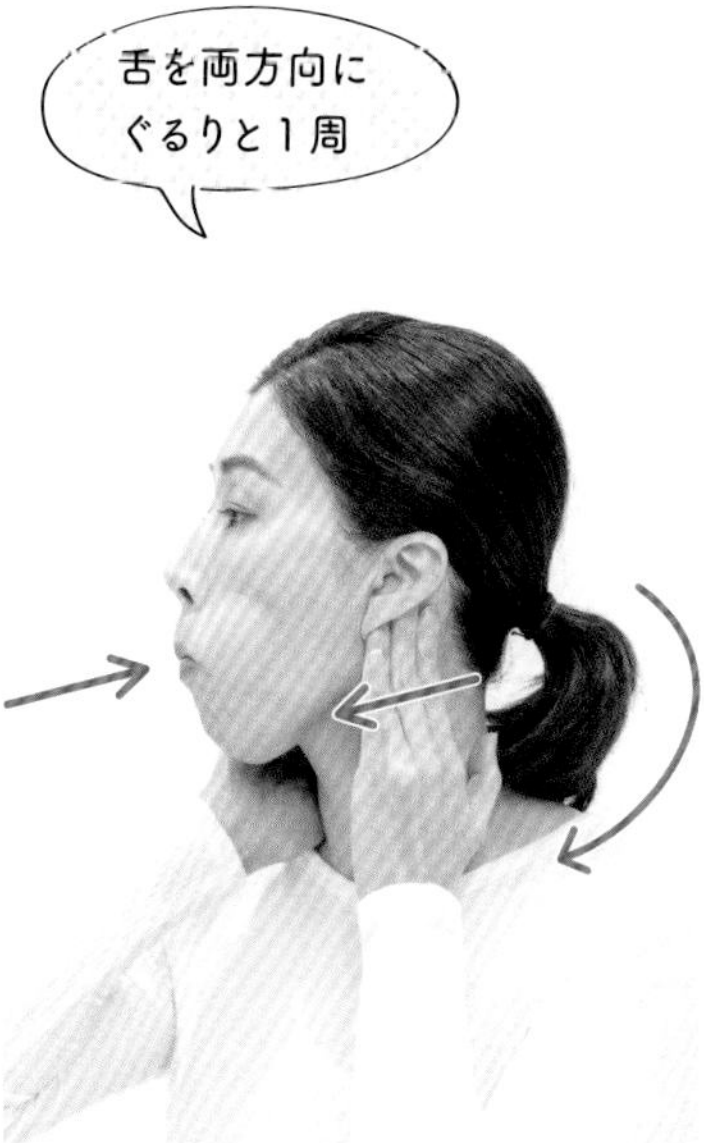
舌を両方向に
ぐるりと1周

5
横を向いて舌を動かす

首をまっすぐに戻して横を向き、首の向いた方向をサポートするように片手を後ろに、片手を前に押し、支えながら同様に舌を動かす。

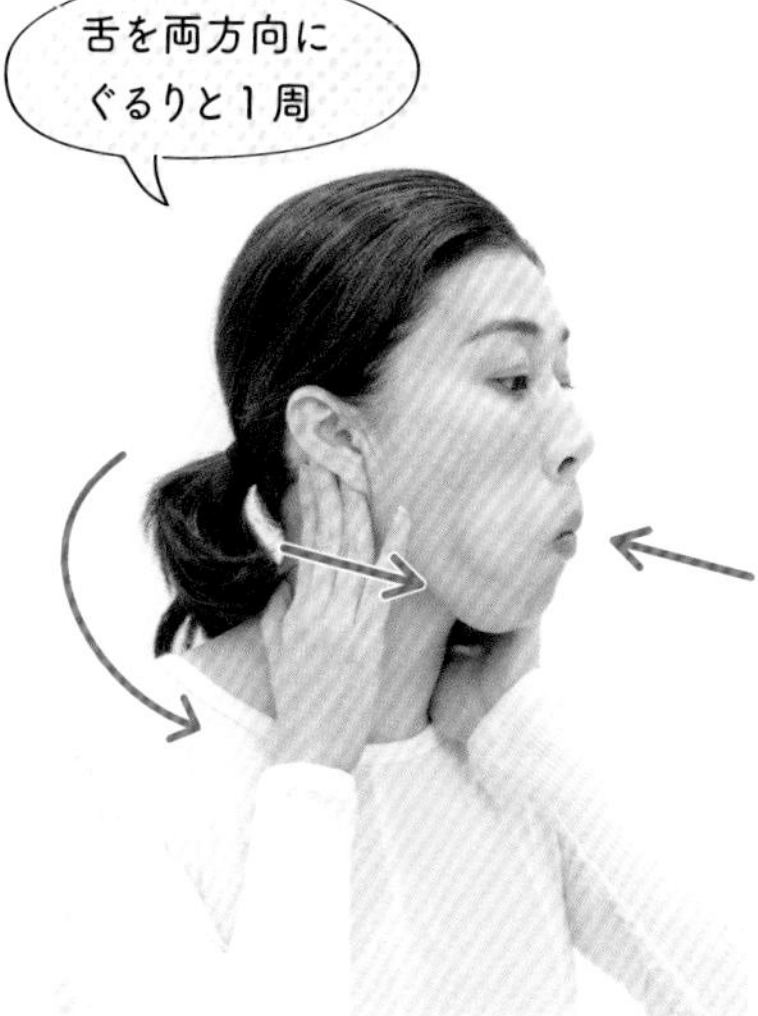
舌を両方向に
ぐるりと1周

6
反対側を向いて舌を動かす

反対側を向き、押し支える手の方向を前後逆にして、同様に舌を動かす。

あごのゆがみ を改善する骨格小顔メソッド

あごと骨の間にある舌骨。舌骨が下がると、顔の下半分が丸ごと下がり、あごがゆがんだり、顔が間延びしたり、二重あごの原因に。舌骨を引き上げるメソッドを紹介します。

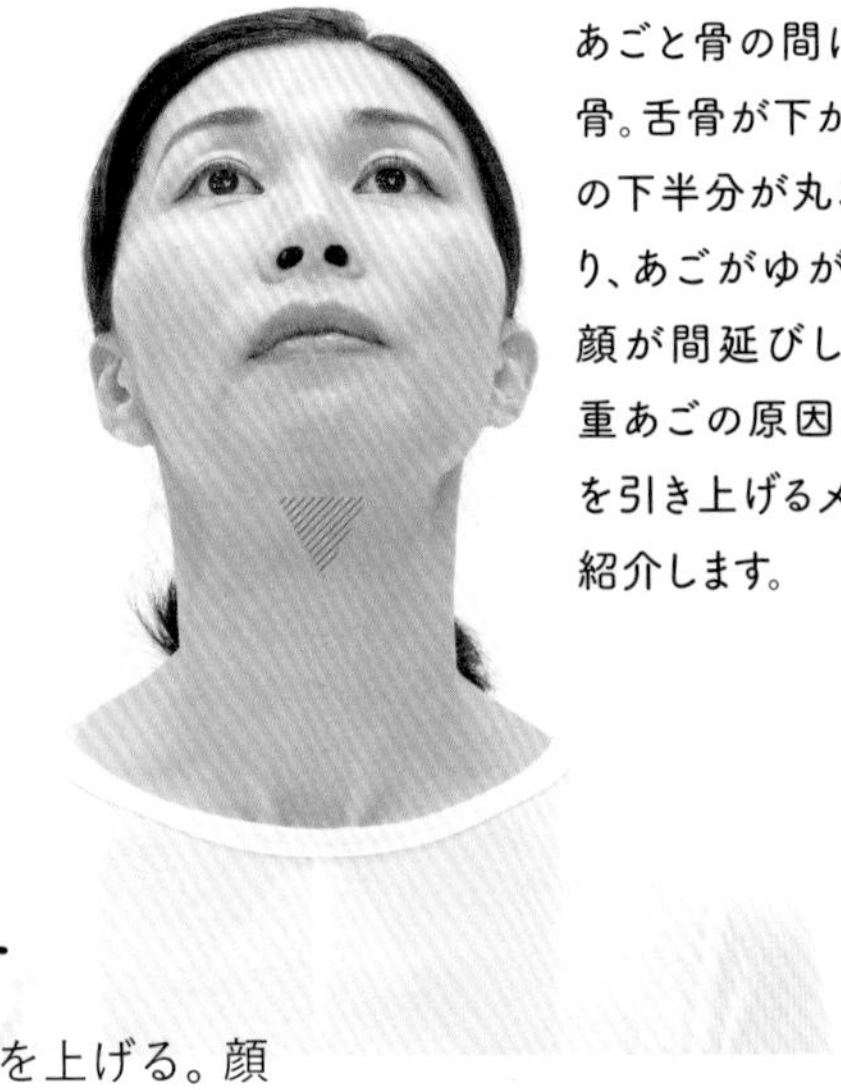

1

舌骨を探す

正面を向いて顔を上げる。顔を下ろしていくと、曲がる部分の中心にあるのが舌骨。

POINT

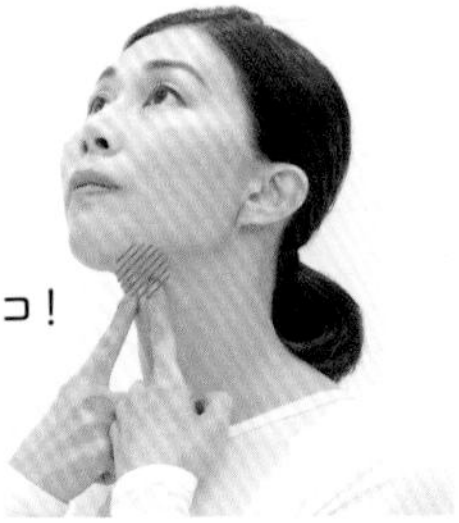

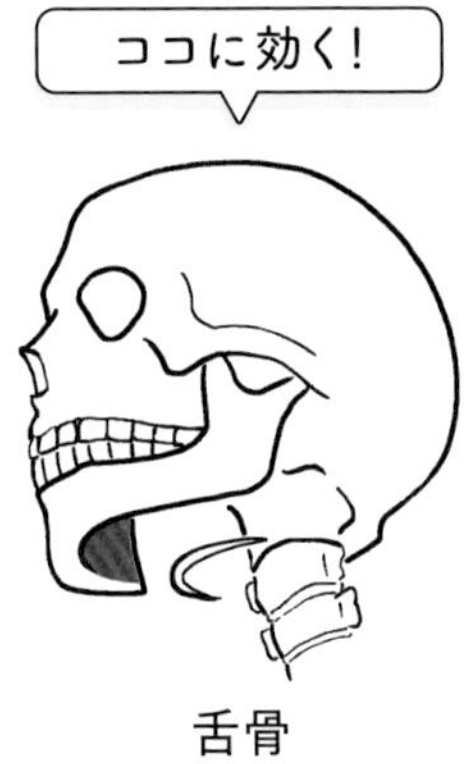

動画2章で
詳しくチェック!

2
舌骨を軽くつまみ、
もう片方の手で
あごを固定する

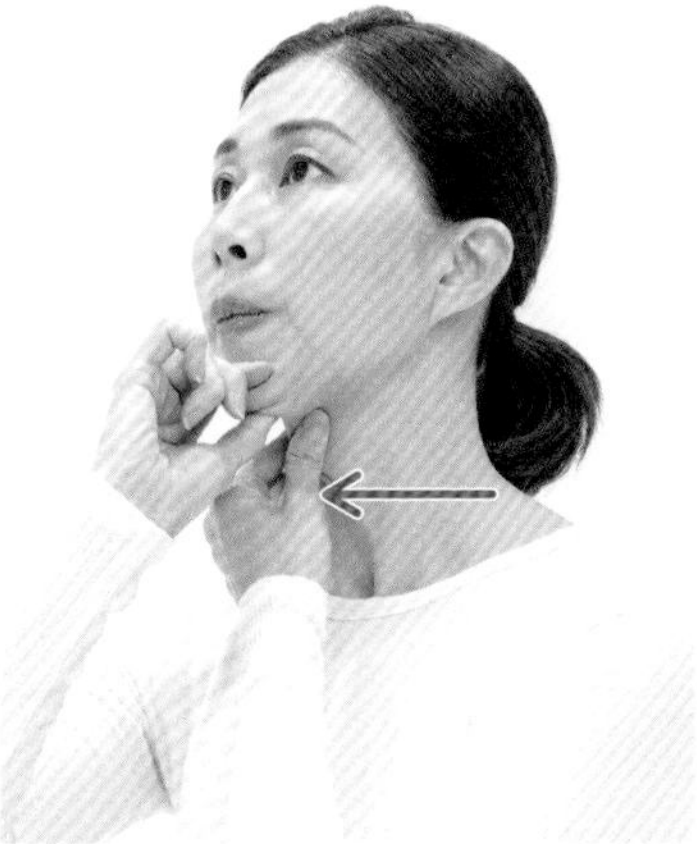

3
舌骨を横に
スライドさせる

4
歯茎をなめるように舌を動かす

右回り、左回り1周ずつ動かす。

5
舌骨を反対側へスライドさせ、歯茎をなめるように舌をしっかりと動かす

右回り、左回り1周ずつ大きく動かす。

POINT 舌を動かしている間、
あごはずっと固定する

動画2章で
詳しくチェック!

POINT

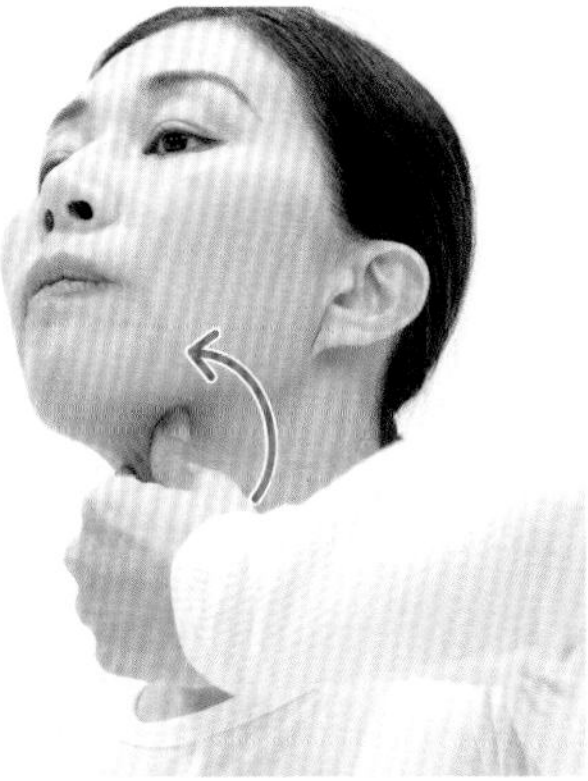

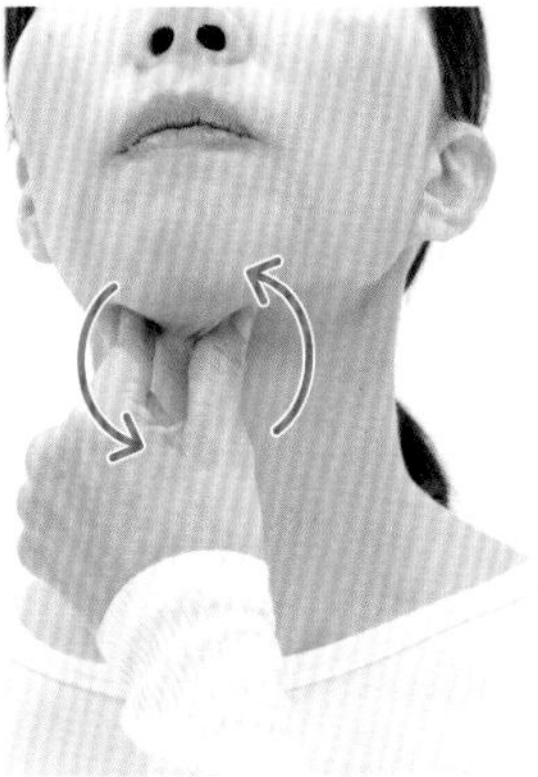

つまんだ舌骨を人差し指側にひねる

6 ひねりながら、歯茎をなめるように舌を動かす

あごを固定したまま、舌骨をひねるように回しながら、歯茎をなめるように、舌を右回り、左回り1周ずつ動かす。

7 舌骨を反対側にひねって歯茎をなめるように動かす

舌骨を反対側にひねり、同様に舌を右回り、左回り1周ずつ動かす。

COLUMN
3

骨格ケアで80歳のおばあちゃんの姿勢も改善

私が主宰するスクールでは、骨格小顔メソッドとともに、骨格ボディメイクメソッドも紹介しており、両方を学ぶスクール生からは、驚きの相乗効果の声を聞いています。「小顔になってボディラインも整った」という声はもちろん、「肌荒れしにくくなって、いろいろな化粧品を使えるようになった」「花粉症や副鼻腔炎がよくなった」など。全身の骨格が整うことで、見た目の改善だけでなく、さまざまな健康効果につながるのです。うれしい効果を身近な人にも伝えたいと思うかたも多く、「80 歳のおばあちゃんに骨格ボディメイクメソッドを教えてあげたら、姿勢がよくなった!」というエピソードも。何歳からでも骨格は動きます。もう年だから……とあきらめることはありません。今すぐ骨格ケアを始めましょう!

3章

全身の骨格にアプローチ
ボディも整えて小顔効果アップ!
スペシャルメソッド

STEP 3

呼吸と背骨を整えて小顔をサポート!

小顔効果を高める
全身骨格メソッド

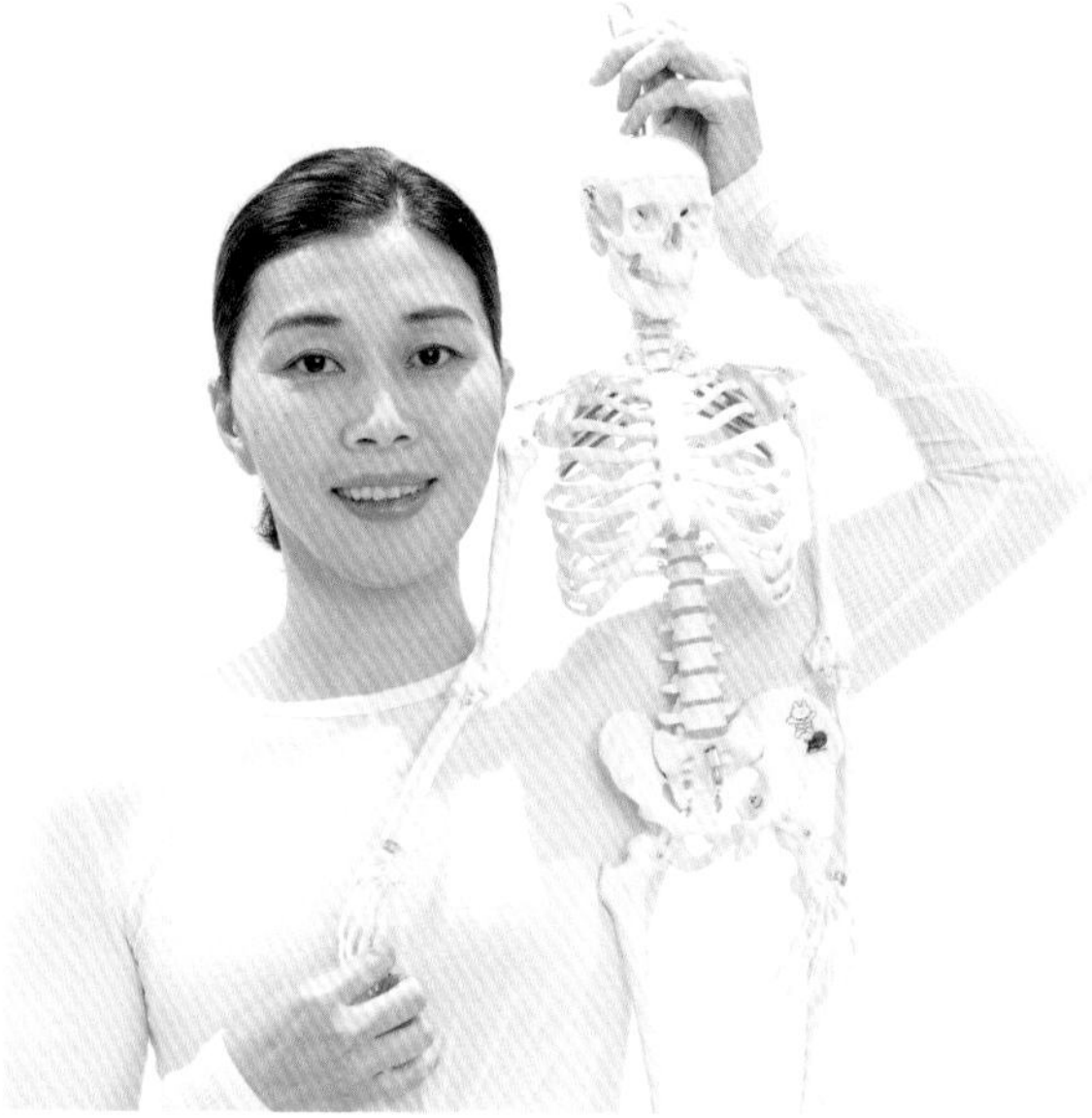

小顔効果を高め、その効果を維持するには、顔のパーツを動かすだけでなく、全身の骨格にアプローチすることも大切です。この章では、全身を使って骨格を整えるメソッドを「スペシャルケア」としてご紹介。とはいえ、1～2分でできる簡単メソッドです。

顔を支える骨は、体とつながっているため、背骨などのゆがみが顔にも悪影響を及ぼします。

前述したように、例えばスマホに熱中して下を向いた姿勢が長く続く

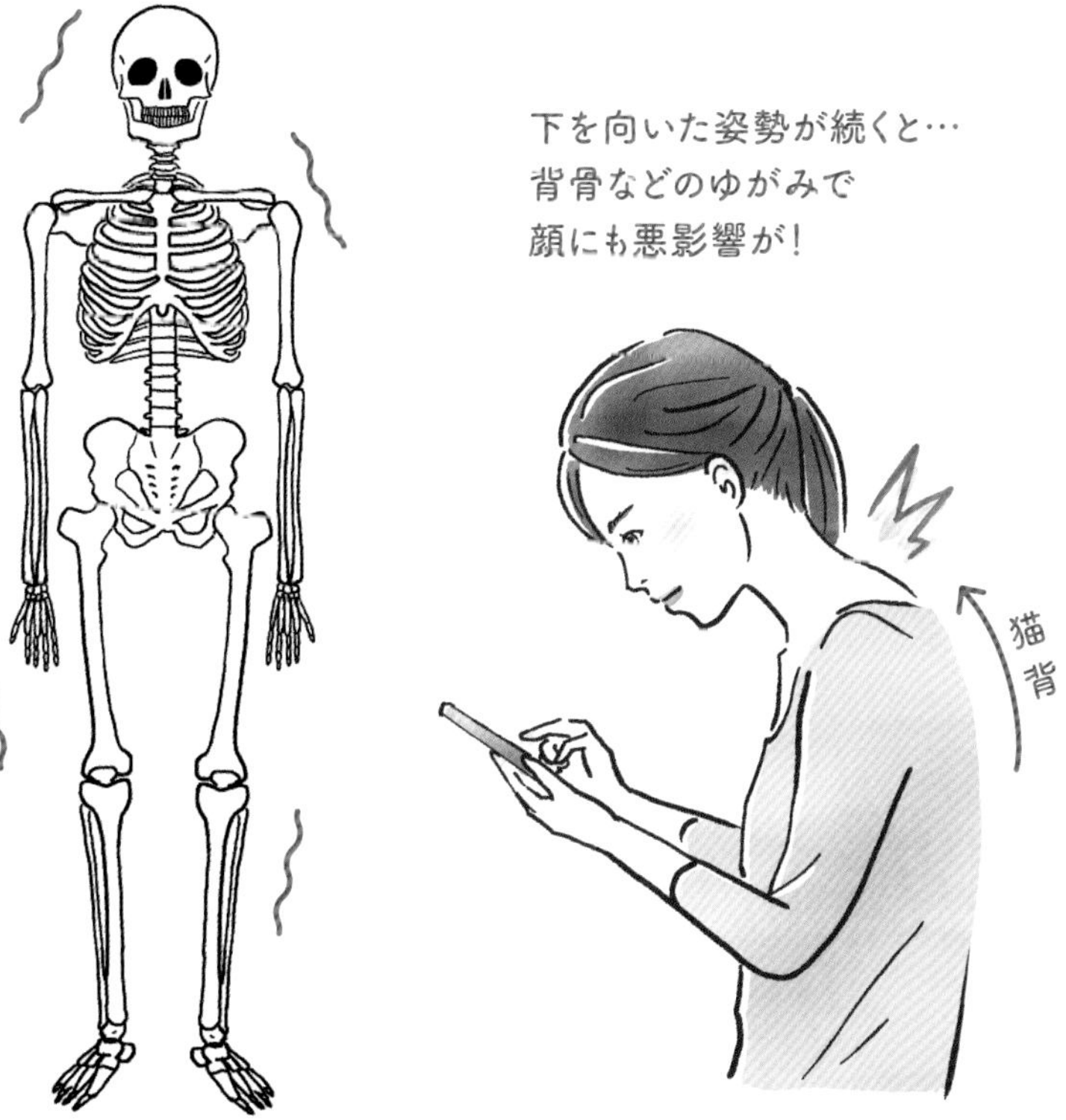
下を向いた姿勢が続くと…
背骨などのゆがみで
顔にも悪影響が！
猫背

と、背中が丸まり、頭が下がります。重力に引っ張られてあごも下がり、あごがゆがんでしまったり、面長になったりと、顔がどんどん崩れていきます。

顔と体、両方の骨格をケアするメソッドとして1章でも、フェイスラインを引き上げるために腕をほぐす動きなどを紹介しましたが、この章ではよりダイレクトに全身にアプローチします。小顔効果が得られて、全身が心地よくほぐれるメソッドを、ぜひ実践してみてください。

全身を使った
スペシャル
骨格メソッド
1

寝る前に！

深い呼吸で骨格をほぐす

全身の骨格を整えるには「呼吸」も大切。骨を支える筋肉がストレスや疲労で緊張してカチカチになると、骨格のゆがみや疲労感、皮膚のたるみやくすみなどを招きます。

筋肉をほぐし、骨格を整えるには、肋骨に包まれた横隔膜に深い呼吸を届け、全身に酸素を行き渡らせる必要があります。呼吸が浅いと横隔膜が「ぺしゃんこ」の状態に。そのまま寝てしまうと体がほぐれず、疲れが取れないので、寝る前にP96からのメソッドを行いましょう。

呼吸が浅い人は、目がくぼみ
ほおがコケてたるんだ「老け顔」に

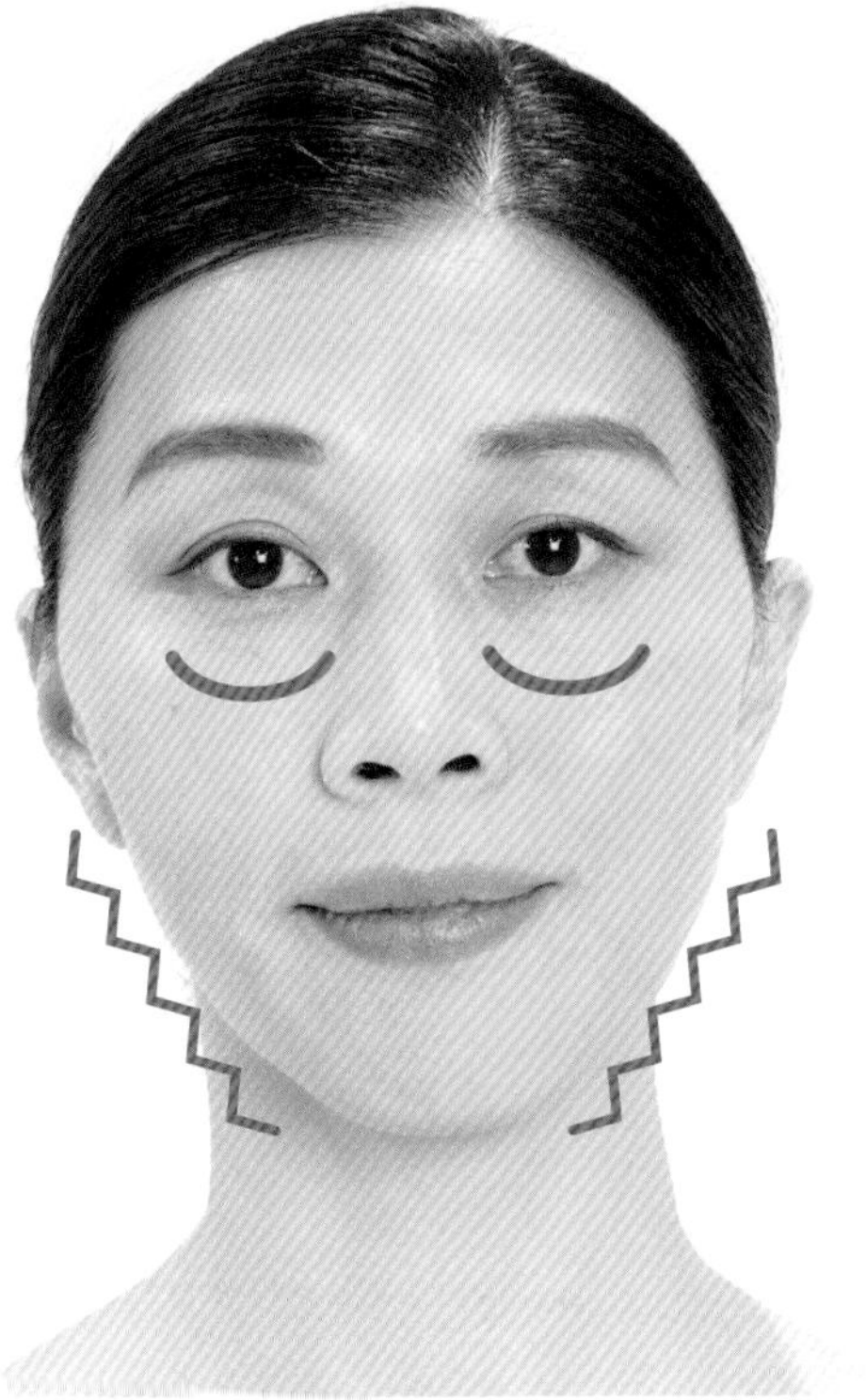

こんな人におすすめ

- 寝ても疲れが取れない人
- 目がくぼみ、ほおがコケて見える人
- 目覚めたときにスッキリしない人
- 肌がくすみ、たるんでいる人

寝る前に！
深い呼吸で骨格をほぐす
骨格メソッド

寝る前の習慣にすると
目のまわりやほおが
ふわっとしてきます

●用意するもの
直径25cmのボール（100円ショップで購入可能）
枕、クッションでもOK

1

ボールを横に置いて「横座り」をする

ボールを横に置き、正座の状態からお尻を横にずらす。

ココに効く！

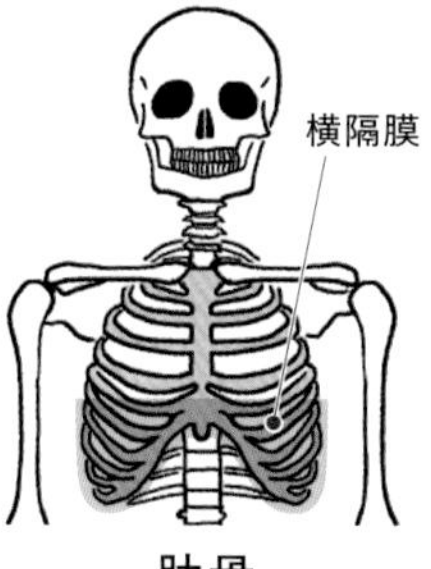

動画3章で
詳しくチェック!

2

肋骨に手を添え、上体を倒していく

手と腰でボールをはさみ、もう片方の手で肋骨を軽く支える。背中を軽く丸め、上体を横に倒していく。

NG

胸を張るのは
NG!

POINT

背中は丸めて、肋骨をぐしゃっとつぶすイメージで上体を倒す

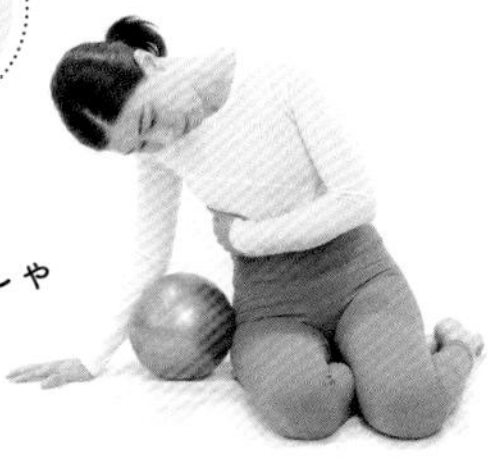

肋骨ぐしゃ

3 肋骨のわきにボールを置き 5呼吸する

ひじをつき、軽くひざを曲げて背中を丸めます。横隔膜に深い呼吸を送ることで吐く息も深くなり、リラックスしてきます。

腹式呼吸ではなく胸に
空気を入れるイメージで
しっかり5呼吸

OK

ラクな姿勢で体を倒してください。床に両手を重ね、おでこを乗せてもOKです

腹式呼吸ではなく胸に
空気を入れるイメージで
しっかり5呼吸

4 ボールの位置を変えて、わきの下に。同様に5呼吸をする

横隔膜に深い呼吸を届けることで横隔膜が広がり、吐く息が深くなります。

5 反対側も同様に行う

全身を使った
スペシャル
骨格メソッド
2

寝起きに！

寝返りで体をほぐす

続いて、朝起きたときにおすすめの骨格メソッドをご紹介。寝返りをすることで、寝ている間の筋肉の緊張をほぐし、背骨のゆがみを直しましょう。

体がほぐれず固まったままだと、背骨のゆがみから頭が前方に下がり、下あごも落ちてくるため、面長になったり、あごがゆがむ・突き出る原因に。シワやたるみも招きます。

1日の始まりにこのメソッドを行うことで、骨格を正しい位置へとリセット。気持ちもスッキリしますよ。

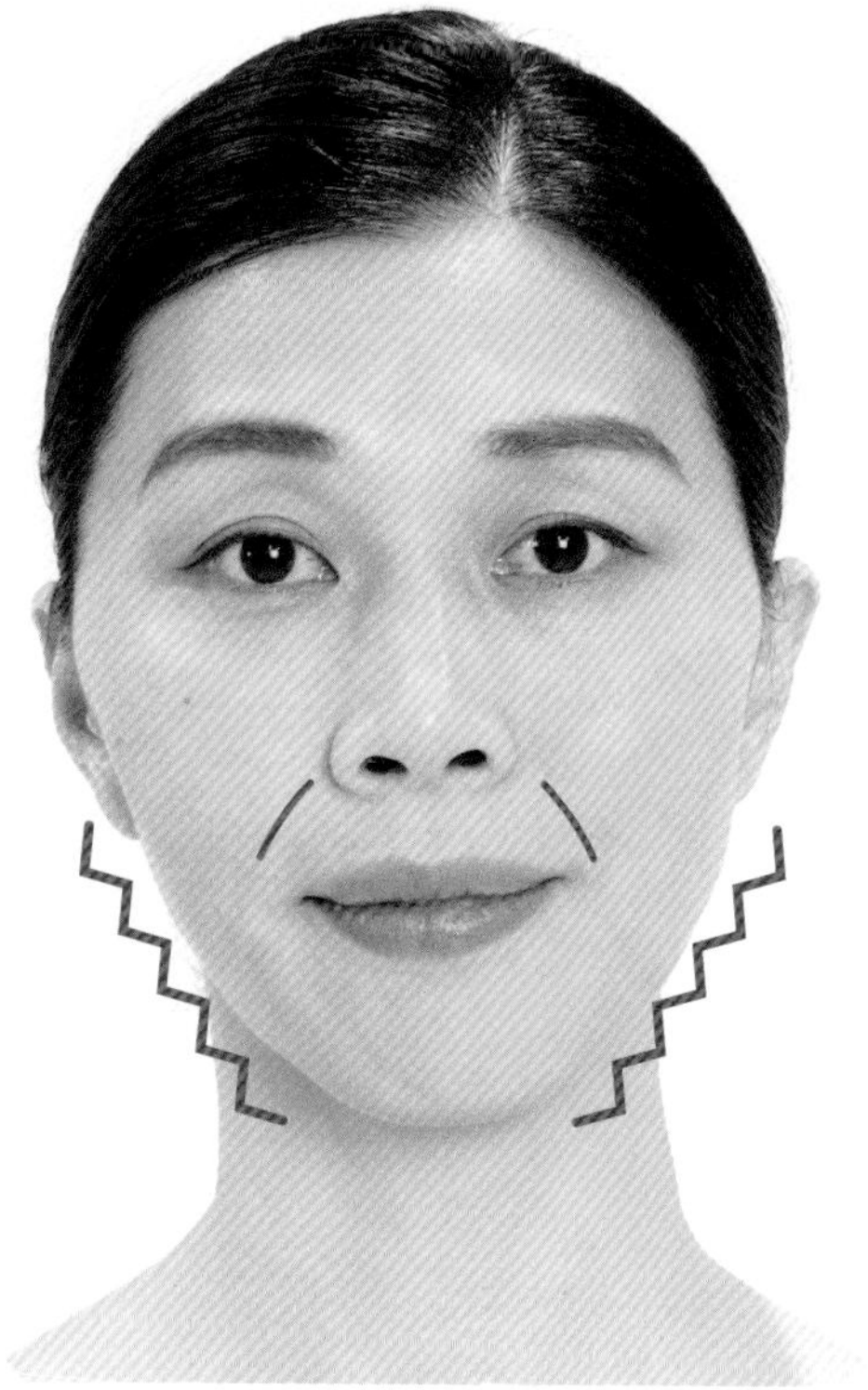

こんな人におすすめ

- 顔が長い人
- あごがゆがんでいる、突き出ている人
- フェイスラインやほうれい線、
まぶたなど皮膚のたるみが気になる人

全身を使った
スペシャル
骨格メソッド
2

寝起きに!
寝返りで体をほぐす
骨格メソッド

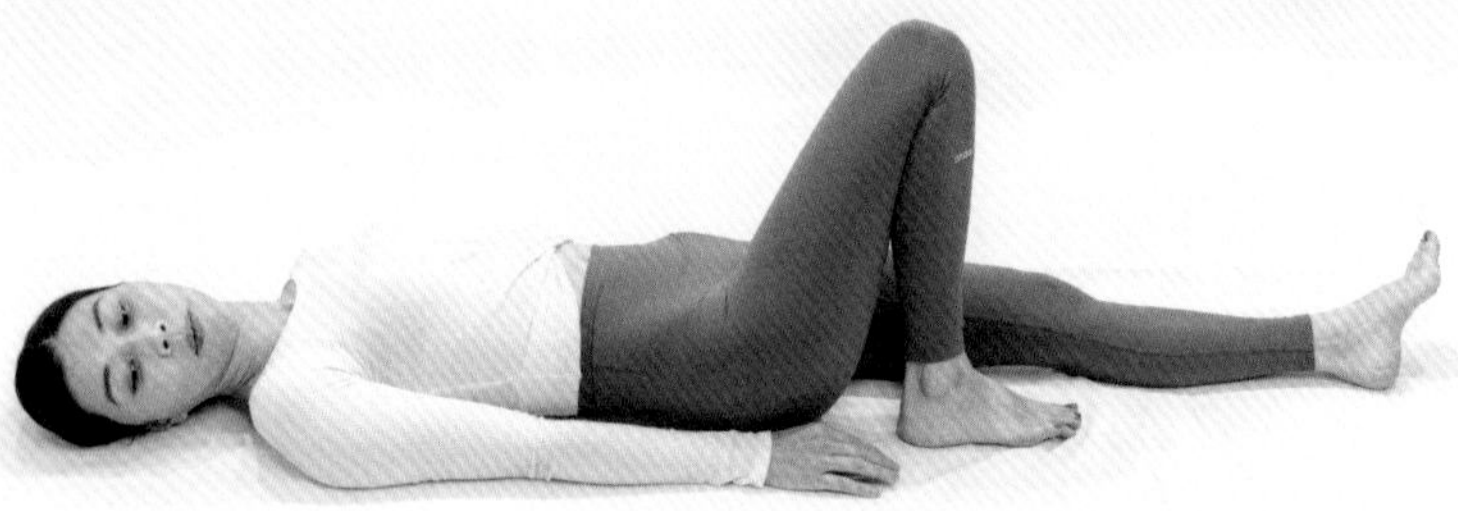

ココに効く!

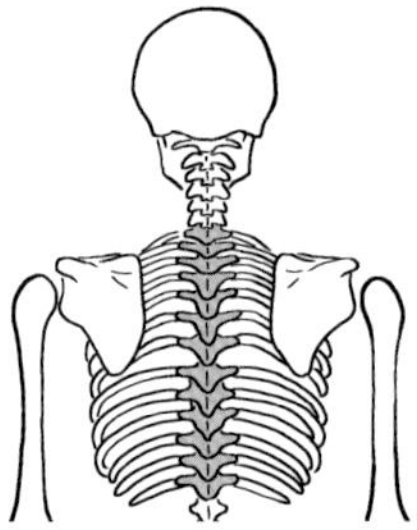

胸椎

1
あおむけになって
右ひざを立てる

ふとんの上であおむけになり、両手を体側につけて右ひざを立てる。

\ 動画3章で詳しくチェック! /

2 足の裏でふとんを押し、1回転する

両手を体の前で重ね、右足の裏でふとんを押すようにして体を1回転し、あおむけになる。

3 左のひざを立てる。反対側に1回転する

両手をお腹の前で組み、左足の裏でふとんを押すようにして体を1回転する。

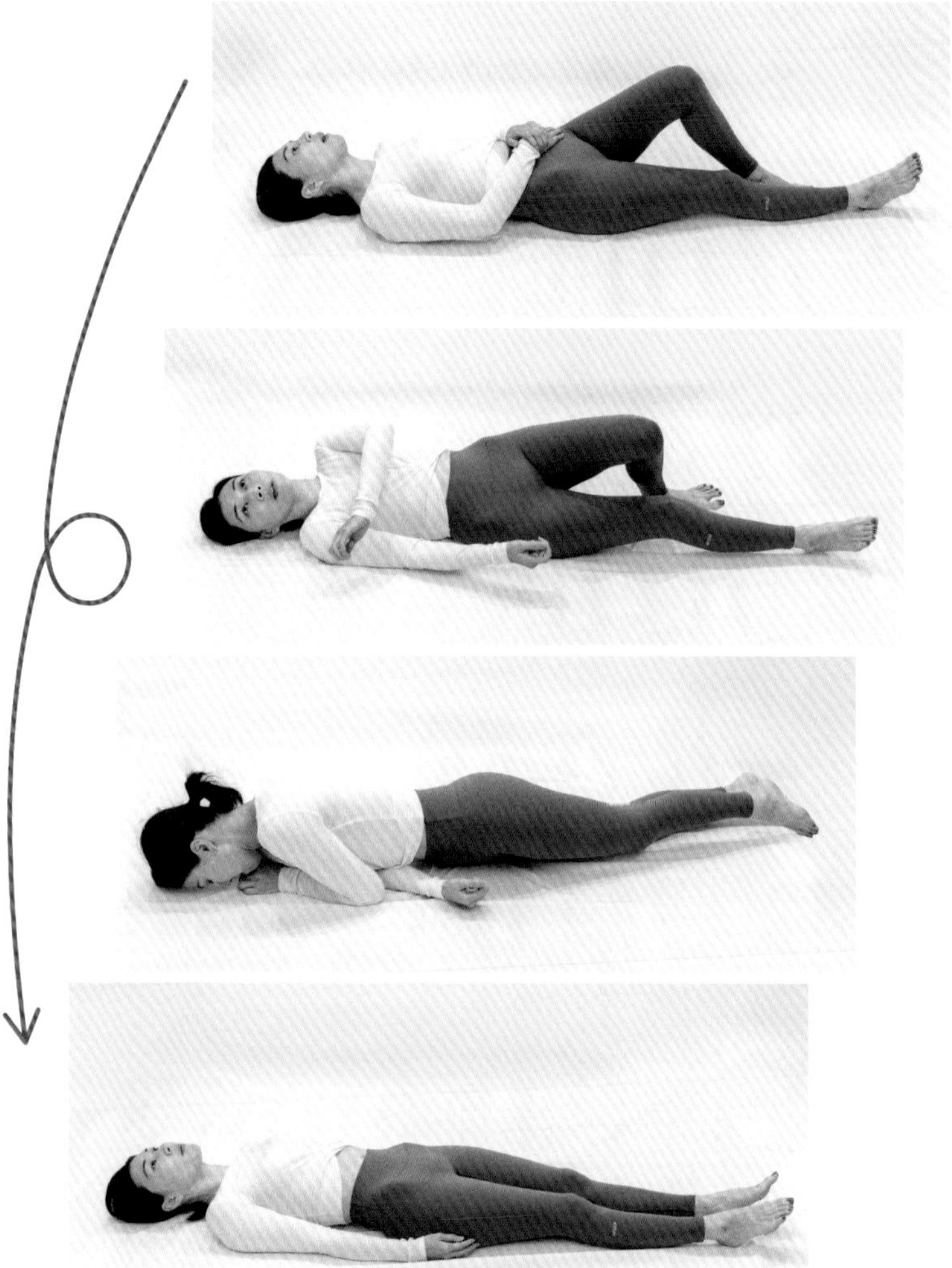

4 2～3往復する

POINT

やりすぎると頭が
クラクラすることがあるので
様子を見ながら行いましょう！

骨格小顔メソッド こうして続けよう！

基本は１日１分、続ければOK（お休みする日があっても大丈夫です！）。どのメソッドをどの順番に行うか、特別なルールはないので気になるパーツを繰り返し行ってもよし、組み合わせてもよし。次のページで実践パターン例を紹介するので、参考にしてみてください。

【特典映像】

絶壁頭が気になる人におすすめの、小顔効果に加えて
「頭の形がよくなる」骨格ワークを動画で紹介！
さらなる「美」をめざして、こちらもぜひチェックを。

※QRコードから動画へ飛べない場合にはこちらまでお問い合わせください
事務局メールアドレス：info@bornbone.com

実践パターンの例をご紹介

●気軽に続けて小顔＆美肌に！ 1日1分セレクトコース

ちょっとしたすき間時間にやりやすい簡単なメソッドを集約したコースです。

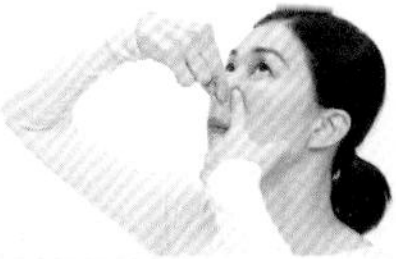

1章：鼻すじをシュッとさせる！
骨格小顔メソッド→P56

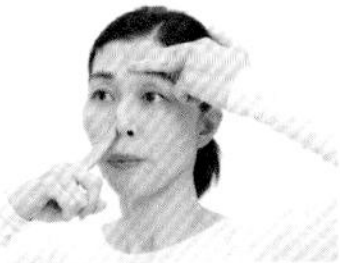

1章：肌のハリ・ツヤをアップ！
骨格小顔メソッド→P60

2章：口角がキュッと上がる
骨格小顔メソッド→P82

2章：あごのゆがみを改善する
骨格小顔メソッド→P86

●顔も体も整える！ 小顔＆全身骨格調整コース

小顔になるだけでなく体がスッキリする気持ちのいいコースです。

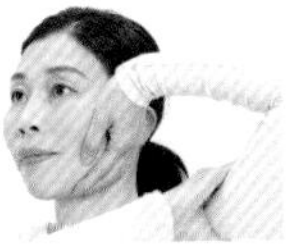

1章：フェイスラインのたるみを引き締める！
骨格小顔メソッド→P30

3章：寝る前に！深い呼吸で骨格をほぐす骨格メソッド→P96

3章：寝起きに！寝返りで体をほぐす骨格メソッド→P102

あくまでも上のコースは一例です。あなたに合ったコースをトライして、ぜひ効果を実感してみてください！

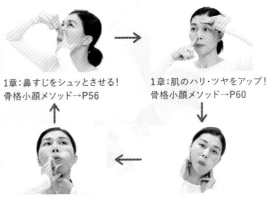

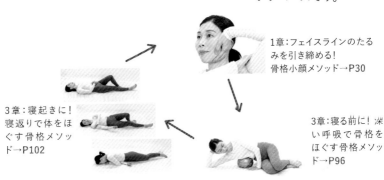

あとがき

骨格小顔メソッドで顔が変わると、人生も変わる！

骨格小顔メソッドを実践すると、皆さん、とてもいい笑顔になります。

今までエステに行ったり、マッサージをしたり、高額な美顔器を使ったり……それでもなかなか改善しなかった顔の悩みがうそのようになくなり、スッキリした小顔になれるからです。

フェイスラインが引き締まり、口角がキュッと上がり、肌のハリ・ツヤもアップ。小顔になったら今までできなかった髪型にチャレンジしてみたり、メイクを変えてみたくなったり。そんなわくわくした気持ちを、もっと多くの方々に体感してほしいと願っています。

骨格小顔メソッドの魅力は、小顔になるだけでなく体もゆるみ、コンディションが確実に整っていく点も挙げられます。なんとなく不調でちょっとしたことにイライラしていた毎日が、少しずつ朗らかで気楽に、暮らしやすくなっていくのを感じることができるでしょう。

また、年齢を問わず美をめざせる点もポイントです。いつから始めても遅すぎることはなく、崩れた骨格を、本来の位置へと戻すことができるのです。

世界的に有名なあるデザイナーは次のように言ったとされています。

「20歳の顔は自然から授かったもの。30歳の顔は自分の生き様。50歳の顔にはあなたの価値がにじみ出る」

笑った顔も、ふとしたときの横顔も、すべてに自信を持ってご機嫌な人生を送ることができたら、それが一番。顔は、名刺のようなものだと思うので、初めて会ったときにきれいだなって思ってもらいたい……それは、年を重ねても変わらない想いなのではないでしょうか。骨格小顔メソッドを毎日の習慣にして、人生の幕を閉じる最後まで、笑顔いっぱいのにこやかなおばあちゃんで過ごせるシナリオを一緒に描いていきましょう。

三木まゆ美

予約の取れないセラピストの
骨格小顔1分メソッド

2024年３月29日　第1刷発行
2024年11月25日　第8刷発行

発行所　株式会社オレンジページ
〒108-8357 東京都港区三田1-4-28 三田国際ビル
電話　ご意見ダイヤル 03-3456-6672
書店専用ダイヤル 048-812-8755
発行人　鈴木善行
印刷　TOPPANクロレ株式会社　Printed in Japan

監修　三木まゆ美
企画協力　我妻かほり

編集協力　株式会社フリート（中川純一　柴野可南子　星 咲良　阿山咲春　菊池里菜）
校正　みね工房
取材・文　桐生奈奈子
撮影　和田咲子
ヘア＆メイク　浅野絢美
デザイン　笛木 暁
イラスト　茅根美代子
編集　今田光子